葡萄牙聯合國教科文組織（UNESCO）世界遺產入選名單

世界文化遺產 —————————————————————————

- 1. 托馬勒基督修道院（Convent of Christ in Tomar，1983）

- 2. 里斯本傑羅尼莫斯修道院和貝倫塔

  （Monastery of the Hieronymites and Tower of Belém in Lisbon，1983）

- 3. 巴塔利亞修道院（Monastery of Batalha，1983）

  4. 亞速爾群島英雄港鎮中心區（Central Zone of the Town of Angra do Heroismo in the Azores，1983）

- 5. 埃武拉歷史中心（Historic Centre of Évora，1986）

- 6. 阿爾科巴薩修道院（Monastery of Alcobaça，1989）

- 7. 辛特拉文化景觀（Cultural Landscape of Sintra，1995）

- 8. 波勒多歷史中心、路易一世大橋和皮拉勒修道院

  （Historic Centre of Oporto, Luiz I Bridge and Monastery of Serra do Pilar，1996）

- 9. 科阿谷和謝加貝爾德史前岩石

  （Prehistoric Rock Art Sites in the Côa Valley and Siega Verde，1998, 2010）

- 10. 上斗羅河葡萄酒產區（Alto Douro Wine Region，2001）

- 11. 吉馬朗依什歷史中心（Historic Centre of Guimarães，2001）

  12. 皮克島葡萄園文化景觀（Landscape of the Pico Island Vineyard Culture，2004）

- 13. 埃爾瓦斯駐軍邊境城及防禦工事（Garrison Border Town of Elvas and its Fortifications，2012）

- 14. 科英布拉大學——阿歐塔和索菲亞（University of Coimbra — Alta and Sofia，2013）

- 15. 布拉加山上仁慈耶穌朝聖所（Sanctuary of Bom Jesus do Monte in Braga，2019）

- 16. 馬夫拉皇家建築——宮殿、大教堂、修道院、花園及狩獵公園

  （Royal Building of Mafra — Palace, Basilica, Convent, Cerco Garden and Hunting Park，2019）

世界自然遺產 —————————————————————————

  1. 馬德拉島月桂林（Laurisilva of Madeira，1999）

- 符號為本書作者收錄介紹

葡萄牙聯合國教科文組織（UNESCO）世界遺產候選名單（截至2017年6月）

1. 里斯本水道橋（Águas Livres Aqueduct）

● 2. 邊境「雷亞」區堡壘防禦工事（Bulwarked Fortifications of the "Raia"）

● 3. 加莫羅沙漠與布薩可皇宮酒店

（Desert of the Discalced Carmelites and Built Ensemble of the Palace-Hotel in Bussaco）

4. 阿歐瓦多‧西薩葡萄牙建築作品

（Ensemble of Álvaro Siza's Architecture Works in Portugal）

5. 卡盧斯特‧古爾本吉安基金會總部及花園

（Head Office and Garden of the Calouste Gulbenkian Foundation）

● 6. 吉馬良依什歷史中心和庫羅斯（皮革製造）區

（Historic Centre of Guimarães and Couros Zone）

● 7. 歷史里斯本，全球化城市（Historical Lisbon, Global City）

8. 馬德拉島雷瓦達水利工程（Levadas of Madeira Island）

● 9. 梅勒托拉（Mértola）

10. 中大西洋脊自然景觀（Mid-Atlantic Ridge）

11. 蒙塔多文化景觀（Montado, Cultural Landscape）

● 12. 里斯本龐巴爾下城區（Pombaline Lisbon）

13. 特洛亞羅馬魚類醃製和護育中心

（Roman Production Centre of Fish Salting and Conservation in Tróia）

14. 麥哲倫路徑：首位環球一周（Route of Magellan. First around the World）

15. 聖地牙哥朝聖之路：葡萄牙路線

（Routes of Santiago de Compostela: Routes in Portugal）

16. 賽爾瓦真群島（Selvagens Islands）

17. 全球化站點（Sites of Globalization）

18. 西南海岸線（Southwest Coast）

● 19. 維拉維索薩文藝復興公爵鎮（Vila Viçosa, Renaissance ducal town）

　　● 符號為本書作者收錄介紹

Vamos para Portugal !

葡萄牙，

文字・攝影
————————
BRIAN

比你想像的還要近

輕易走到世界各地

時至今日，地球表面幾乎已經沒有任何角落是我們想去而去不了的。如果想認識這個世界，就走近吧！世界比我們想像的還要近。1492年哥倫布率領三艘首航艦隊航向西邊無盡的海洋，出航之時，船上有九十幾名船員與水手，他們不知何年何月才能抵達陸地。經過兩個月的航行，看不見陸地的煎熬，再加上哥倫布半哄半騙後，終於在美洲登陸，也成了後來著名的歷史事件 —— 哥倫布發現新大陸。而這僅僅是大航海時期的一段小小的篇章。

在當時，乘船是唯一能夠跨越海洋到達遙遠國度的方式，那是幾個星期、幾個月的時間（還不一定回得了家）。四百年後，在長程客機發明後短短的數十年間，我們可以今天早上從台灣出發，晚上就到了地球的另一端。想想看，我們要用哪一個形容詞來形容1492年準備出航的船員或旅人呢？壯遊嗎？（壯遊「Grand tour」這個名詞也是到十七世紀才產生，是指歐洲貴族子弟滿身盤纏、豪華出門的象徵）也許，到了二十二世紀，宇宙間（指太陽系）已經沒有任何星球是想去而去不了的，銀河系也遠比我們想像的還要近。

跟心愛的人一起出發

有時，我跟太太坐在公園，會看到彼此擁
抱的年輕情侶，想到以前只有我們兩個人
的旅行；也會看著彼此扶持的年邁夫妻，想像著孩子長大獨立後，只有我們兩
個人的旅行。根據 2017 年內政部統計，台灣人平均壽命為 80 歲，從孩子出生
到長大成人，是父母的階段性任務，這當中，國中以前的 12 年稱為親子時光，
國中以後是家庭時光，成家立業後是家族時光。

我們跟一般父母一樣，也擔心帶小孩出國的問題，既期待又怕受傷害。在經
過幾次的親子旅行後，大概不外乎幾個問題而已，而周圍的朋友普遍會問的問
題，我們也都經歷過，其實在國外的期間就等於是全職帶小孩，跟在家裡沒什
麼不同，我們會花很多心力在他們身上。只能說這一切「因為愛，所以一起，
所以勇敢。」

「壯遊」在這些年來，已經成為單身男女辭掉工作或義無反顧，乃至拋下一切的
旅行決定。背包客網站、旅遊書都這樣催眠著並且明示加暗示要一個人去玩才
能稱為「壯遊」。問題是對於結了婚、有了公婆、不再只是一個人，最重要的是
有剛誕生的事業 —— 孩子 —— 必須經營，這簡直是在挑撥離間嘛！而從來沒有
一本書提到親子旅遊也是壯遊的一種展現，甚至帶小小孩旅遊才是所有旅遊類
別中的王道！（其實我真正想說的是一個人去旅行才不是壯遊！是「爽遊」！）
那只象徵壯遊的桂冠應該屬於背包網籃左邊放奶瓶、右邊放熱水瓶，背包內塞
濕紙巾、手帕、奶粉、餅乾、防蚊液、尿布、奶嘴、薄外套、雨傘、一套替換
衣服、手推嬰兒車、行李箱裝滿嬰兒備品……深怕缺一不可的父母。

為什麼要記錄這趟親子旅行？除了一點點自我感覺良好之外，最主要是希望讓有孩子的家庭能互相取暖，一起克服會遇到的問題，畢竟不是每一個孩子都是乖乖牌（就像我們家有可控的、也有不可控的）；一起享受他人眼中親密的親子時光；一起熬過他人眼裡馴獸師與野獸的應對過程。

壯遊葡萄牙

為什麼選擇葡萄牙？葡萄牙在過去十年間，不斷地被世界上熱愛旅遊的人造訪，成為歐洲最亮眼的一顆鑽石。雖然在 2008 年金融海嘯撲向 BPN、BPP 兩家葡萄牙銀行，沖毀光鮮亮麗的外表，只剩淋得濕搭搭的貪汙、做假帳和投資不當這個三兄弟，呆呆站在那裡一動也不動。而葡萄牙政府因為怕未來對納稅人的權益會造成損失，同意向兩家銀行提供貨幣救助，但這讓國家經濟情況更加嚴峻，在 2011 年宣布破產，不得已只好手心向上，從國際貨幣基金組織（IMF）、歐洲金融穩定機制（EFSM）和歐洲金融穩定機制（EFSM），三家國際金融組織申請紓困計畫，共獲得累計 790 億歐元（截至 2014 年 11 月）。有了這些錢，身體有元氣，能打起精神振作起來。

而里斯本與波勒多這兩個葡萄牙主要的觀光大城，美的復甦正在加快腳步，持續不斷進來的觀光客人潮，擦亮這顆蒙塵的鑽石；各個旅遊權威機構對這個國家的評價之高，在在顯示她的美貌不容小覷。來自不同時代的交織在一起的城市肌理，羅馬、伊斯蘭、中世紀和啟蒙時期的一系列文明的影響，擁有無數的歷史建築，城市承載了連續變換的痕跡，適應新的動態，都讓這個國家成今生值得一遊的地方。

如果我都可以攜家帶眷，你一定也可以，這是一本獻給所有想要暢遊葡萄牙的朋友們的旅行手札，無論是壯遊還是爽遊其實都可以，我都推薦你，來到大西洋以東、歐洲盡頭這個美麗的國家，走近她，走進她，相信一定會是生命中一段美好的回憶。

目　　次

自序

Chapter 1　里斯本大區

Chapter 2　阿爾加維大區

Chapter 3　阿連特究大區

Chapter 4　中部大區

Chapter 5　北部大區

附錄

誌謝

里斯本並不是失落的美，她沒有急到需要趕快濃妝豔抹，然後一邊拎著高跟鞋一邊跑去參加宴會。飽讀詩書的里斯本，文學底蘊豐沛，信手捻來皆是詩意，現在有許多人正在幫忙她慢施脂粉、回復應有的美貌。美的復甦，正在進行。

Chapter 1

里斯本大區
Região de Lisboa

里斯本 —— 七丘之城
Lisboa

而妳，高貴的里斯本
所有城市當中的公主
—— 卡莫斯（Luís Vaz de Camões）

我們在里斯本的旅伴，是當地一位詩人作家，他自十六歲從南非回到里斯本以後，就沒再離開過。他寫過許多異名小說人物，據說有七十五位，他們都生活在這個城市。他還寫了一本里斯本旅遊書《Lisbon, What the Tourist Should See》。他是里斯本詩人、作家佩索亞（Fernando Pessoa），我們這趟旅程就帶著他百年前筆下所描述的里斯本，穿越時空，與所有人物交會。書中的他，像是當地友人，親自開車帶著我們遊歷這座美麗的城市。

漫遊七丘之城的八個山丘

旅程即將開始，準備好了嗎？首先，你需要的是準備水壺和好穿的布鞋，還有多帶幾根香蕉，它可是緩和肌肉痠痛的好幫手。葡萄牙首都里斯本，因為地形多山丘，又被稱為「七丘之城」。

能夠一一步行走完八丘，將是對里斯本最大的敬意！等一等？大家都說是七丘之城，怎麼突然變成八丘？事實上，會說是七丘，是因為帶有神聖與宗教意涵，換成中文的意思就是「七」比較吉利啦。

如果考究歷史，最早提出里斯本有幾座山丘的看法，是十六世紀葡萄牙哲學家德戈伊斯（Damião de Góis），他當時只提到了五個。1620年，一位名為奧利維拉（Nicolau de Oliverira）的修道士，寫了《里斯本的偉大之書》（O Livro das Grandezas de Lisboa），書裡他如此敘述：「里斯本座落在七大巨人之上 —— 聖喬治、聖維森、聖羅克、聖安德烈、聖卡塔琳娜、查加斯、聖安娜。

我們從乘坐塔古斯河（Tejo）上的渡輪，望向里斯本市區，確實只會看到七座山丘，因為格拉薩山被聖喬治山擋住了，所以實際上里斯本至少有八座山丘。只是隨著城市的發展，越來越多的山丘隱沒在建築物中，看山再也不是山了。

其實七丘之城對於遊客最重要的意義，就是有很多觀景台可以欣賞里斯本，但這也表示你需要爬很多坡。但每爬上一座山丘，她就給你一個獎賞——美麗的視野，非常值得！記得在爬坡之前準備好食物，以便坐在觀景台野餐，欣賞里斯本城與塔古斯河美麗風景。

如果真的覺得行動不便、體力有限或者時間有限，也能以財力換體力、換時間，可以搭乘最受歡迎的電車（要先查好電車路線），但需要有點耐心，尤其是超熱門的28號電車。如果想要避開人潮，建議在早上九點以前以及晚上九點以後。還有一種更方便的方式，搭乘能隨意穿梭在小巷的交通工具嘟嘟車（Tuk Tuk）。

嘟嘟車有各式各樣的種類，大部分都是車頭長得像小鳥的可愛模樣，有分三人座或六人座，每一部都有特別彩繪，動力分純電動車與柴油車。更特別的還

有沙灘車、古董軍用吉普車等等。就讓熟悉里斯本的司機載著你攻下七丘，再請司機介紹觀光客比較不會去的私房景點。除了可愛的復古電車，嘟嘟車已經變成城市裡不可或缺的角色與景觀了。

那麼，就來聊聊里斯本的七丘吧！

聖安娜山丘（Colina de Sant'Ana）

這是我們爬的第一座山丘，相對其他山丘而言，這邊遠離主要的觀光熱點，人潮不多，能緩和旅行的步調，是七丘之城中最寧靜且富有綠意的一丘。聖安娜山的中心點是國家烈士廣場（Campo dos Mártires da Pátria），為一座舒適的大型公園，公園裡有公雞、鴿子、鴨子和紅面番鴨到處亂竄（還好葡萄牙沒有帝王食補薑母鴨這道名菜），牠們有兩座池塘可以戲水，偶爾會聽到公雞的叫聲（請自行帶入音效），還有家禽們互相啄來啄去，滿療癒的，孩子們很喜歡跟牠們玩，還有一處設置給狗狗交際應酬使用的愛犬公園，十分貼心。

這座山周圍有許多醫療學術研究機構：里斯本醫學院、國家法醫學和法醫學研究所、聖荷西醫院、里斯本中央醫院……，所以又稱為健康之山，醫院的建築都很有特色，值得駐足欣賞一番。

公園裡有一座馬丁斯（Sousa Martins）雕像，他是葡萄牙最受尊崇的醫生之

一，一生為民服務、善待窮人。他在大學任教期間曾對學生說：「當你進入醫院並聽到患者痛苦呻吟時，請到他的病床邊，看看這個可憐的病人需要什麼，如果你沒有東西可以給他，就給他一個微笑。」

雕像底下擺放著許多鮮花與蠟燭，還堆放了許多貼上大頭照的大理石碑，我起初以為是墓碑，不太敢正面看，但聽附近居民說這些是人們為了感謝馬丁斯的庇佑所放的，我就鬆了一口氣。後來到了幾個葡萄牙的小鎮，看到訂製大理石感謝碑的商店，這樣感謝神的方式與台灣為感謝神明所打造的金牌有異曲同工之妙。

聖喬治山丘（Colina de São Jorge）

這座山一般認為是七座之中最高的一座，山丘上有里斯本最重要的聖喬治城堡（Castelo de São Jorge）。在進入城堡前，我們來回顧一下重要的歷史片段。1147年，葡萄牙第一任國王阿方索·亨利克斯（Afonso Henriques）的軍隊得到了第二次十字軍的幫助，征服當時屬於摩爾人的里斯本，當時奮力對抗這座高聳的城牆長達三個月，即為著名的里斯本圍城。摩爾人在投降條約表明，城內的穆斯林駐軍可以允許保留性命和財產，不過當基督徒入城後隨即毀約。作家薩拉馬戈（José Saramago）也根據這場戰役寫了一本《里斯本圍城史》，是關於一位校稿員在比對里斯本圍城的相關史料後，發現過去所寫的歷史並不正確，處於專業與改寫歷史的兩難。

　而城堡的名字是在14世紀後期，國王若昂一世（João I）以天主教最受人尊敬的軍事守護神之——聖喬治（如同台灣的武聖關公——關聖帝君），許多國家也以祂的名字做為守護意象，例如倫敦、莫斯科、英格蘭、賽爾維亞……等，拉斐爾也畫過一幅〈聖喬治鬥惡龍〉。

　一進入城堡內，腳步就不斷地被眼前城堡地面所劃分為二的天空驅使著，走到城堡圍牆邊，終於能一覽里斯本城最極致的景色。站在這裡，南邊最遠可以清楚地看到阿歐瑪達區（Almada）、里斯本大耶穌像、4月25日大橋，視野百分百涵蓋整個里斯本，地理位置絕佳！無怪乎戰神阿方索要攻打三個月才能征服摩爾人。目前在聖喬治城堡，仍可見幾門大砲朝著塔古斯河出海口，果真為守護里斯本的要塞。

　　如果說大砲是守護里斯本外在的安全，那麼孔雀則是看顧里斯本內在的尊貴。城堡內有許多顏色鮮豔的孔雀，完全不怕生，恣意地在旅人身邊走來走去，好幾次兩歲的 Lyon 追著孔雀跑，簡直把這些高貴的孔雀當鴿子在耍，幸好孔雀脾氣好，沒有反擊。在希臘神話中，宙斯的妻子赫拉，派出百眼巨人阿爾戈斯去看宙斯的小三伊歐，那時伊歐已經變成了小母牛。宙斯知道之後，馬上命令愛馬仕去拯救小三並殺死巨人，赫拉無法對宙斯或愛馬仕進行報復，只好把巨人的眼睛放在她最喜歡的鳥類──孔雀的尾巴上，以紀念她最忠實的僕人（可憐的阿爾戈斯）。

　　城堡內共有十一座塔樓分布在各個角落，部分塔樓有箭孔，我就跟孩子實際上演「世紀帝國」遊戲，想像千百年前與敵軍攻城守護的模樣（這也是帶孩子玩歐洲的好處）。每座塔樓的景觀不盡相同，是能三百六十度欣賞里斯本的絕佳位置，我是不會想錯過從每一座塔樓看出去的風景。

　　城堡臨近里斯本歷史最悠久的阿歐法瑪區（Alfama），在占盡高處的優勢之後，準備深入民間探索百姓生活純樸的一面。

聖文森山丘（Colina de São Vicente）

這裡是城外聖文生修道院（Mosteiro de São Vicente de Fora）的所在地，位在古老的阿歐法瑪區，教堂外觀雄偉而樸素，為文藝復興時期的風格，具有哥德式與巴洛克的特質，後來被稱為矯飾主義。教堂的內部線條較為嚴謹，據說是遵循羅馬耶穌堂的設計，緩步走向走道中央的星狀圖案，在此望向天花板，會看到漂亮的尖頂肋骨交錯拱頂和巨大的圓頂。宗教會令人心生崇拜、讚嘆與信仰，絕對和建築物脫離不了關係。美麗的巴洛克式祭壇，裝飾有樹冠形狀和大量雕像，做工十分細膩，是葡萄牙最好的雕塑家之——德·卡斯特羅（Joaquim Machado de Castro）的作品。

　　面對教堂最右側的大門是修道院的入口，肅穆的迴廊、靜謐的中庭氛圍，有效隔絕外在嘟嘟車攬客與遊客的紛擾。修道院內部的天花板為十七世紀巴洛克繪畫，而值得注意的是迴廊上磁磚壁畫是十八世紀當時受葡萄牙歡迎的法國詩人拉封丹（Jean de La Fontaine）的寓言，他擅長以動物世界嘲諷人類社會，大約有三十八幅，不可錯過。從樓梯走到屋頂是觀賞里斯本美景的好地方，但我們是在離開之後才聽到身旁的旅人說屋頂風景很漂亮（殘念）。

從修道院教堂旁的西馬大拱門（Arco Grande de Cima），可以前往里斯本最古老也最受歡迎、起源於十三世紀的聖塔克拉拉跳蚤市場（Mercado de Santa Clara/Feira da Ladra）。在觀光人潮多的地方就要自動開啟防盜模式，將背包往前背，我們就在這裡遇過一組小偷跟著我們一起逛街，一手拿著地圖掩護另一隻行竊的手，還好被我們發現沒得逞，順手拍了幾張他們的大頭照留念。

市集旁有波多馬恰多公園（Jardim Botto Machado），公園裡綠蔭參天，有一座典雅的咖啡廳與遊樂器材，我們先在這裡滿足孩子的需求，而大人可以悠閒地坐著欣賞塔塔古斯河的景色。我們夫妻有時會輪流，一個人專心帶小孩，另一個人專心去逛街，再回來交換意見。跳蚤市場中心點是聖塔克拉拉市場，市場裡的商店以經營骨董為主，燈具、瓷器、餐具、櫥櫃的價格大概是德法英跳蚤市場的六折左右；而在周圍的攤販則是民生用品為主，自從有人類之後，萬物皆有價，破掉的碗盤、壞掉的手機、磨損的衣服、彎曲的煙灰缸都能拿來賣，我手中的廢物或許是你眼中的寶物，這也是淘寶的樂趣所在，他人的財物是你在這裡的獵物。

做為一位旅人，我們就不要去想這些「財物」怎麼來的會比較單純。由於葡萄牙過去殖民海外國家的經驗豐富，這裡也看得到不同國家的傳統服飾、美食與擺飾品。我們在賣許多軟木塞日常用

品的攤位停了下來,攤位的女士正在繡蕾絲,而Claire看中了一個手工蕾絲編織提袋,老闆說這是他太太自己做的喔! 這只提袋將足以勝任往後野餐新美學的任務。

聖羅克山丘(Colina de São Roque)

那天晚上一個人出來夜遊取景,背著一機三鏡、腳架以及一公升水壺,從龐巴爾侯爵廣場(Praça do Marquês de Pombal)附近的住處,在自由大道(Avenida da Liberdade)完美的斜度與路況下,一路溜著滑板到光復廣場(Monumento aos Restauradores),偌大的馬賽克拼花廣場上,建築物在黑幕前映著夜晚專屬的金黃色澤,顯得比白天更加典雅;往下繼續走,看到了曼努埃爾式建築風格的羅西歐車站。夜晚的她,真是氣質出眾!

　　從羅西歐車站走到聖羅克山丘約七分鐘,如果覺得太久的話還可以選擇坐纜車,只是這條纜車路線非常熱門,排隊時間通常會比走路還要久。但晚上人潮不多,不需要太多時間等待。此區是著名的里斯本上城區(Bairro Alto),屬

於夜生活和藝術聚會的街區之一，相較於其他街區來說，比較高級、也比較安全。再繼續往高處走，就能到達阿爾坎塔拉聖佩多觀景台（Miradouro de São Pedro de Alcântara），朝東的方向是欣賞聖喬治城堡全貌的絕佳地點，也是七丘之中唯一可以看到東邊全貌的觀景台，往下俯瞰是富有現代感的羅西歐車站，再往前能看到羅西歐廣場。附近有一間聖羅克教堂，十四世紀時羅克醫生援助許多當時黑死病的受害者，然而同樣的疾病也奪走他的生命，後來被封聖，這也是山丘命名的由來。

聖安德烈山丘（Colina de Santo André）

這是里斯本坡度最陡，最消耗體能的山丘。那天早上十一點多，我們從住宿處走了一個半小時，沿途看到公園就去玩，後來 Lyon 說要坐在推車，戰鬥力十足的他自已說要坐推車，實在有點不尋常。果真沒多久，他居然默默睡著了。我為什麼會這麼驚訝？因為眼前通往聖安德烈這段路是必須爬上坡度近 50 度、長度約八十公尺的階梯（Escadinhas Damasceno Monteiro），如果我在這時叫醒他下來用走的，睡不飽的他會生氣，到時候痛苦的不只一人，所以……我連人帶車扛上去！就在爬了四分之三、即將快斷氣時，一位帥哥說需不需要幫

忙，我說：「……太好了……如果你願意的話……。」

到了山上聖母觀景台（Miradouro da Nossa Senhora do Monte），我和帥哥聊天，他與父母是巴西人，這是他第一次到葡萄牙來玩，父母則是已經來好幾次了，我想與他們再多聊，可是我實在沒氣了！

爬階梯對大人來說或許是件苦差事，但對我們家兩個小孩來說，卻是一件樂事，他們看到階梯就想爬，邊爬邊玩，勇往直前，一點也不留情面給後面喘吁吁的大人。等等，我實在太不中用了，根據2018年7月統計，葡萄牙65歲以上人口為19.4%，已接近聯合國世衛組織定義超高齡社會20%，而且在舊城區的建築普遍沒有電梯，長者們每天生活在這裡與階梯相處（奮鬥），我沒資格唉聲。

事實上，這座山丘是七丘裡難度最高的，離最近的公共車站大約步行10到15分鐘，但對於喜愛在小巷裡探索的旅人來說，小菜一碟。270度的視野涵蓋腳下的阿歐法瑪區、不遠處的格拉薩教堂與恩寵觀景台、整座聖喬治城堡……。當地人說此處的日落是「天堂般的日落」、「五星級日落」，不過我們來的時間是正中午，無法確定是真是假，唯一能確定的是此時湛藍寬廣的天空搭配整遍橘紅的建築非常美麗，我選擇相信當地人的說法。

聖卡塔琳娜山丘（Colina de Santa Catarina）

聖卡塔琳娜山丘上地勢平緩，鄰近建築物，視野可能是七丘裡比較侷限的，但可以因此錯過它嗎？ 不行的，因為聖卡塔琳娜觀景台不是只有風景而已。

　　從塔古斯河岸的里貝拉市場（Mercado da Ribeira），在聖保羅街一路上切到山丘的聖卡塔琳娜觀景台（Miradouro de Santa Catarina），走大約二十幾分鐘就到了，而這其實是要怪我沒注意在聖保羅街上，驚人斜度階梯旁的黃色建築裡，與一般民宅無異的門口以葡文寫著「ASCENSOR DA BICA」，就是往觀景台著名的「比卡纜車」，好歹也用個圖示嘛。這一區，還有比卡纜車與塔古斯河對映的經典畫面。

　　這座山丘感覺充滿嬉皮味、慵懶與隨性，說著說著，空氣中就飄散著濃濃的、據說會讓人快樂的大麻味。這味道在葡萄牙很容易聞到，取得也很容易（我在做行前功課時，無意間發現的），光在里斯本就遇到幾次有人走過來，看著

你發出「咻咻」的聲音，這是問你要不要來根大麻，而且我身邊還有帶小孩（難道他們知道帶小孩更需要解悶？！）……。

我們並不需要對送到眼前、來路不明的事物感到好奇，特別是標榜「免費」，但也不需要避之唯恐不及，畢竟這對孩子來說是一種機會教育。

觀景台後方優雅的鵝黃色建築物是藥品博物館（Museu da Farmacia），細數橫跨人類五千年的藥品歷史。博物館前庭的假草皮上，一堆人慵懶地躺在懶骨頭，享受陽光，而我注意到門口有兩座路燈，是兩位雙手握著燈具、姿態如同在吹奏樂器的裸女，十分優美；下半身則幻化為燈柱型態，是鮮少看到的「異種」結合。

查加斯山丘（Colina das Chagas）

七丘中面積最小的山丘，而且是唯一沒有觀景台的山丘，為何？因為四周都是房子，還有一座教堂，是為了紀念十六世紀前往印度航線的葡萄牙水手而建造，在但1755年大地震完全摧毀，而重建成類似龐巴林（Pombaline style）的風格。這一區地形上上下下變化很大，階梯如同吊橋懸掛在山谷般的弧度。由於位置太不顯眼，成為七丘裡最寂靜的存在。如果要感受熱鬧，卡莫斯廣場（Praça Luís de Camões）就在三百公尺處。

「第八丘」格拉薩山丘
(Colina da Graça)

我們每天都把超市當成補給站，尤其知道要去賞景，就先到附近的超市買水果、蔬菜、麵包。孩子只要吃飽了，就能增加在景點停留的時間。除此之外，超市一餐的價格會比景點餐廳所賣的價格少許多，花費少一點、快樂多一點。

此區又稱為恩寵堂區 (Convento da Nostra Senhora da Graça)，主建築物為格拉薩教堂修道院 (Igreja e Convento da Graça)，修道院可以免費參觀，室內大廳牆壁上的磁磚壁畫記載著關於宗教院士被迫害的歷史，但是加害者的臉都被抹去，只留被害者哀嚎的臉，不知用意為何。

修道院外的廣場是格拉薩觀景台或稱恩寵觀景台 (Miradouro Sophia de Mello Breyner Andresen)，露天咖啡和音樂表演是標準配備。坐在樹蔭下，享受微風輕拂，點一杯 Galão (牛奶咖啡比例3:1，類似拿鐵)，聆聽來自北非的樂手彈奏著葡萄牙12弦吉他帶來的特別音色，俯瞰里斯本城橘紅色的屋頂連接湛藍的天空，一段美好記憶已經儲存，等待他日再讀取回味！

　　一旁的格拉薩公園（Jardim da Graça）有一座噴水池，不只小孩喜歡戲水，鴿子也喜歡戲水，如果小孩要玩水需注意衛生。從公園往下走的階梯，可欣賞對稱的大理石馬賽克拼花，是更寧靜的角落，比較少遊客會停留。

　　往公園西邊的路口望去，有兩棟五、六層樓高的建築，他們身上的磁磚顏色一者為土耳其藍花紋、另一者為咖啡色花紋，兩者色彩對稱、平衡，彼此互相對話，為市容交織出靜謐的空間感。雖為不同時期的建築，卻能相處得如此和諧，葡萄牙的色彩美學令人佩服！

走過七丘

走過七丘後，我寫信建議里斯本觀光局為七丘樹立招牌，方便遊客認識，甚至建議只要遊客集滿七個地點打卡照片，就能獲得官方紀念品，將有助發展里斯本觀光。

七座山丘的觀景台涵蓋不同的視野，每座都是獨一無二的，再透過個別的歷史故事，更能清楚記得山丘深層的樣貌。

里斯本基本上有許多山丘，會限制在「七丘」，主要是基於宗教與神話。根據希臘傳說，尤利西斯在旅行期間造訪了葡萄牙，並在這裡建立了希臘人稱為奧利西波的城市。這些古希臘人將葡萄牙稱為「奧爾修薩」（Orphiussa，蛇之鄉），據說尤利西斯與蛇神女王奧爾修薩墜入愛河。當尤利西斯離開葡萄牙返回特洛伊時，蛇神女王的憤怒震動了塔古斯河口周圍的土地，形成里斯本的七座山丘。

這顯然是一篇驚天動地的愛情神話故事。另外，數字7一直以來都具有某種神祕與幸運數字的意涵，由於羅馬是七座山的發源城市，曾占領里斯本的羅馬人，可能看到了兩個首都之間一些相似的地方。但我查了資料才發現，有好多城市也都建立在七座山丘上，其中有耶路撒冷、伊斯坦堡、布達佩斯和前面提到的里斯本與羅馬。

快的話，用兩天的時間就可以個別走完七座山丘，根據我們兩天手機記載的資料顯示：一天平均走10.5公里、爬33個樓層，並不會算太多。然而，里斯本不是只有七座山丘的觀景台而已，還有許多隱藏在里斯本的角落，等待人們去發掘。

只要能欣賞到里斯本美景的地方，幾乎都有座椅與樹蔭可以乘涼，也許他們認為眼前的美景，怎麼可能只待一下就走呢？當真正走過這七座山丘，相信你也會跟我一樣大喊：「We made it！」

不過說也奇怪，待在里斯本期間，我們居然連一次復古電車都沒坐！我們到底在想什麼？！是這樣的，每次想坐電車的時候，附近都有好逛的，還沒有逛透就坐車離開，太浪費了！雙眼看著電車但雙腳卻自動走進店裡，雖然也沒有特別買什麼，但特色小商店很多，沒有逛會對不起自己，也對不起里斯本。還有一個因素是被路上的景緻吸引了，不知不覺就想一直走下去，想要慢慢欣賞，享受徒步探索的過程。

里斯本各區
Bairros de Lisboa

> 我從一天去到另一天，一如從一個車站去到另一個車站，
> 乘坐我身體或命運的火車，將頭探出窗戶，
> 看街道，看廣場，看人們的臉和姿態，
> 這些總是相同，又總是不同，如同風景
> —— 佩索亞（Fernando Pessoa）

貝薩區（Baixa）

1755年11月1日，里斯本發生了人類史上規模最大的地震之一，三分之二的里斯本夷為平地。那一天早上是聖徒日，許多人聚集在教堂裡。當大地搖起、教堂鐘聲響起，教堂與房屋隨之崩落，震垮了頭頂上的穹頂，也嚴重動搖了人們對上帝的信心。根據一項研究顯示，這場地震造成GDP約32 ～ 48%的損失，災難改變了一切，歐洲國家強權重新排序。貝薩區（Baixa）是1755年大地震里斯本損壞最嚴重的地方，其後由龐巴爾侯爵（Eugénio dos Santos, Marquis of Pombal）主導里斯本重建計劃，是里斯本進入現代化的關鍵。

商業廣場（Praça do Comércio）

就在歐洲的巴黎、倫敦街道還是非常狹小、髒亂不堪、臭氣衝天、鼠輩橫行的時候，葡萄牙已經建立了現代化的標準，排水道、民生用水、建築結構、城市美學，其中又以商業廣場（16世紀時稱為宮殿露台 Terreiro do Paço）最具為代表性，是全歐洲最大的廣場之一，也是里斯本三個主要廣場之一，過去曾是皇宮的所在地，由建築師龐巴爾侯爵負責重建。在貝薩區可以完整看到龐巴林式建築風格的實踐。

其實下城區的底下是有海水流經過的，在大地震之後，龐巴爾團隊想出了一個應對地震的方法，用基墩將建築物架高防震、加強地基結構，但什麼樣的木頭可以泡在水底下不會腐朽呢？答案是松木，據說250多年來，都還沒有換過一根基墩。只不過，重建工程據說以河沙建成，土壤含有鹽分，會滲出牆面進而破壞灰泥牆，使得建築物變得脆弱。後來里斯本人們用磁磚解決了灰泥牆壁斑駁的問題，也美化並造就了這座城市無可取代的特色。

從商業廣場直接翻閱葡萄牙過去燦爛輝煌的歷史是很好的開始。在大航海時期，此地是葡萄牙對外重要的門戶，外國皇室、使節、貴賓，乃至龐大的香料、黃金……等殖民財富，都在塔古斯河岸最好的大理石碼頭下船，由氣宇非凡的商業廣場進入里斯本城。

首先映入眼簾的，就是廣場周圍量體十分巨大且醒目的橘黃色建築物（曾在1910紅色革命時被漆成粉紅色）。如果說俄羅斯有紅場，那麼葡萄牙就是橘場，不過，這最具代表性的廣場居然沒有鋪設葡萄牙引以為傲的工藝大理石地磚，實在有點可惜。夕陽時分，不妨坐在廣場拱廊下，啜飲一杯 Bica（葡萄牙濃縮咖啡）解歷史的薩烏達德（Saudade，葡語中指一種對失去的美好產生的渴望之情、情緒的壓抑或鄉愁之意，好似在悲傷中夾雜一種快感）。

　　橘黃在色彩裡屬於高明度，如此明亮又能與環境相處和諧，不會感覺突兀，感覺這就是屬於葡萄牙的顏色。無獨有偶，橘子也是葡萄牙最重要的經濟作物之一，那甘甜當中又帶點微酸的滋味，幾乎四季都品嚐得到，如果問我什麼顏色最能代表葡萄牙，我會回答橘黃色。

　　聳立在廣場中央的雕像是葡萄牙國王約瑟夫一世（Joseph I），他騎著駿馬踩過象徵敵人與危險的蛇群，朝著塔古斯河走去。在他身後的是象徵里斯本新生的凱旋門「奧古斯塔大街拱門」（Arco da Rua Augusta），與當時十八世紀的地震重建計劃一併規劃，但是在1873年才完成。拱門頂端有一段文字拉丁文，大意是「願最偉大的美德，成為所有人的教學」。頂端的葛洛莉亞女神拿著兩只桂冠嘉勉天才與勇氣；斜躺的兩位猛男代表葡萄牙兩條重要的河流塔古斯河與斗羅河；四位雕像分別為佩雷拉（Nuno Álvares Pereira）、維里阿修斯（Viriathus）、龐巴爾侯爵、達伽馬（Vasco da Gama）；頂端的觀景台是欣賞里斯本中心360度的最佳位置。

　　這次商業廣場裝載的不是黃金、香料，而是匯集全歐洲七億人的目光。2018年5月，歐洲歌唱大賽主辦國是葡萄牙。葡萄牙將本次大賽的標題訂為「全員登船」（All Aboard），符合主辦國的海洋風情與歷史意義。我們通過簡單的安檢後進入商業廣場，現場搭設了大型轉播螢幕與表演舞台，提供沒有去比賽場館的觀眾欣賞。我們欣賞了幾位歌手精采的暖場表演，也算有參加演唱會吧！順帶一提，2018年歐洲歌唱大賽葡萄牙的成績敬陪末座，滿糗的！

奧古斯塔大街（Rua Augusta）

里斯本街道名稱滿特別的，應該是地震重建之後的規則，與塔古斯河平行的街道以宗教命名，比如：十字架街（Rua do Crucifixo）、聖朱立安街（Rua de S. Julião）等等，而垂直的街道則以當時街道上做生意的行業別命名，比如金街（Rua Áurea）、銀街（Rua da Prata）、製鞋街（Rua dos Sapateiros）……，不過實際走一遭發現，現在已經沒有哪種行業要在哪條街這樣的區分了。

這條奧古斯塔大街，會在中午用餐前，擺滿各種造型與顏色的餐桌椅，試圖拉住遊客的腳步，儼然已經成為餐廳街。由於出國前就已經開始文化銜接，聽的音樂、看的書籍與電影，都與葡萄牙有關，因而馬上被熟悉的音樂吸引，是葡萄牙傳奇女伶 Amalia Rodrigues 所唱的輕快音樂──〈葡萄牙之家〉（Uma casa portuguesa）。一對老夫妻正熟練地操作著法朵歌手與葡萄牙 12 弦吉他手手偶，背景是一棟棟彩色小屋。雖然身為精打細算（沿途托缽）的旅行者，看到精采的表演打賞是一定要的，謝謝這對夫妻讓 Benjamin 與 Lyon 開心，最後他們再加碼一首 What a wonderful world，What a wonderful day to us！

我們在街道兩旁的餐廳中，選了其中一家看起來最美味的（暗自祈禱），在這種熱門觀光區的餐廳最大好處就是能看照片點餐，會比較貴沒關係，至少知道等一下會上什麼菜。服務生招呼我們入座，「Para comer queria（我想要吃）……」，我向服務生展現彆腳的葡文，手在照片上筆畫了幾下，由於葡萄牙的餐點分量會比較多一點，點了兩份餐點後，我說：「É tudo」(這樣就好),服務生則用中文跟我說「你好,謝謝。」第一道墨魚飯,一入口鮮味十足,連 Claire 都讚不絕口,海洋賜予的鮮味真是無與倫比。第二道牛排,表現平凡不帶驚喜,但我們對這一餐感到心滿意足!

　　回旅館前,照例先到超市採購明天的食物。此時正好遇上草莓盛產季節,無花果廣場(Praça da Figueira)的超市門口,架上的草莓居然提供「鐵鏟」盛裝!我們簡直嚇壞了,此時身旁來了一位當地人,隨手抓著鏟子就往草莓堆裡一鏟,馬上破除我們的疑問。草莓一盒 500 克只要 0.99 歐元,雖然每家超市價格略有不同,我們買過最貴的一磅不過 1.3 歐,還是覺得便宜得太誇張了。

羅西歐廣場(Praça Rossio)

1874 年完工的羅西歐廣場,最初的命名為唐佩特羅四世廣場(Praça Dom Pedro IV),但居民還是習慣以古老的名稱羅西歐稱呼它,廣場最顯眼的地方莫過於腳下的海浪形式磁磚,當地人暱稱它為「滾動的廣場」。有人會覺得眼花頭暈,但我們不會,Lyon 跑在上面,好似在衝浪一樣。

　　海浪形式最早開始於 1842 年,在當時做為監獄使用的聖喬治城堡內,城堡總督也是工程師的指揮中將 Eusébio Pinheiro Furtado,他讓一群囚犯鋪設監獄裡面的人行道。當時的人們沒有見過這種優雅、浪漫形式的路面,立刻引起

了眾人的關注。

　　這項成功的道路工程也為Eusébio Furtado帶來資金，能繼續將這樣的形式發揚光大。緊接著，他再讓監獄裡的囚犯鋪設羅西歐廣場，廣場完工，波浪形式正式稱為海湖（Mar Lago），更多人被這種形式驚豔，更有意義的是透過海浪形式的意象，對葡萄牙偉大的航海歷史致敬，自此以後Mar Lago風格迅速蔓延到整個國家和殖民地，成為當時發展現代化城市的首選。

　　做為葡萄牙強烈的藝術識別性，葡萄牙政府已經在2016年提案將大理石人行道列為人類非物質文化遺產。里斯本更在2006年舉辦榮譽修路工人的活動，並且請雕刻家在光復廣場人行道上，創作鋪路工人紀念碑，表達對鋪路藝術的重視。

　　羅西歐廣場的中心聳立著國王唐佩德羅四世雕像，建於1870年，基座有四位女性分別代表著正義、智慧、力量和中庸。1889年在廣場上又設立了兩座從法國進口貴森森（據說當時考量到面子問題）的青銅噴泉。我站在廣場一直覺得空氣中瀰漫著巴黎味，仔細一想，葡萄牙在18世紀後期的建築受法國許多影響，更正確的

說法是從1755年的大地震之後，當時重建計劃的主要人物為龐巴爾侯爵，但各區域的負責人員不同，這當中以建築師多斯‧桑托斯（Eugénio dos Santos）主導幾項為人熟知的重建項目，例如商業廣場與羅西歐廣場，為完全摧毀的市中心以新的抗震標準重建新建築的想法，同時以廣場凝聚城市之間的關係，為葡萄牙樹立新的建築美學。

這幾處重建的廣場形式與巴黎幾處廣場（協和廣場、凡登廣場）十分相似，無論是尺度或規劃。也可以說，在同為18世紀啟蒙時代的影響下，藝術、科學、哲學與知識，賦予了當時建築新的面貌。

有一個八卦說羅西歐廣場上的雕像是墨西哥皇帝馬克西米利安（Maximiliano I），因為馬克西米利安在雕像完成後不久就遭人暗殺，可是雕像又已經雕刻好了，剛好唐佩特羅四世和馬克西米利安長得很像，所以墨西哥就用很低的價格賣給里斯本，如果八卦屬實，那麼葡萄牙國王站在這裡就很尷尬了。

當我在廣場上幫孩子拍照的時候，有一位先生走過來跟我發出「Shu Shu, Hashsh」的聲音，意思是要不要大麻 ，這已不是我在第一次葡萄牙遇到。大麻在葡萄牙很普遍，切莫驚慌，無需對毒販做出過度反應，也會遇到兜售各式便宜名牌太陽眼鏡的攤販還會兼著賣大麻，他們不會傷害你，看緊自己的背包，說不要就好了。

多納瑪麗亞二世國家劇院（Teatro Nacional D. Maria II）

原址為葡萄牙宗教裁判所（Paço dos Estaus），用以審判、凌虐與處決異教徒，在1755年的大地震中倒塌。國家劇院建築興建於1842年，由義大利建築師Fortunato Lodi所設計，以唐佩特羅國王的女兒命名，整座建築物為新古典主義形式，門廊上方是山形牆，內刻有被藝術、音樂和歌之神包圍的阿波羅。劇院外觀立面上有葡萄牙劇院之父吉爾維森特的雕像。

　　位於國家劇院西邊的是建於 1887 年的羅西歐火車站（Estação de Caminhos de Ferro do Rossio），由建築師 Jose Luis Monteiro 設計，建築師賦予它華麗的曼努埃爾風格，同時又以十八世紀末工業革命的鑄鐵與玻璃屋頂形式做為乘載空間。原本車站兩個入口間擺放了一座葡萄牙第十六任國王塞巴斯蒂昂（D. Sebastião）的雕像，但是在 2016 年遭破壞殆盡，目前空空如也。從羅西歐火車站出發，大約四十分鐘就可以抵達西邊鄰近的貴族度假勝地辛特拉。

來一杯櫻桃酒Ginjinha

里斯本的一天，從一杯酸甜微醺的櫻桃酒Ginja（Ginjinha的簡稱）開始。位於羅西歐廣場東北方的聖多明哥廣場（Largo de São Domingos），有一家只賣單一種口味櫻桃酒的酒吧Ginjinha Espinheira。話說有一天來自附近聖安東尼奧教堂（Igreja de Santo António）的一位修道士建議創始人加利西亞人Espinheira可以嘗試將酸澀品種的櫻桃放入白蘭地中發酵，然後再加入肉桂、糖和水，沒想到這樣的配方居然大受歡迎，自此以後Ginjinha就成為里斯本最具代表性的酒類。

在狹窄的吧檯前點了一杯的櫻桃酒，有分玻璃杯Copo或塑膠杯Plástico盛裝，一個shot比傳統義式濃縮咖啡Espresso大一些，通常會附1~3顆櫻桃（視每次櫻桃從酒瓶裡溜下來的情況而定），當喝完濃郁的櫻桃香味酒再吃下杯底吸滿酒精的酸甜櫻桃，我以個人名譽保證，絕對不會醉，只會精神飽滿！早上九點開始就可以先喝一杯再上路！

光復廣場（Praça dos Restauradores）

自由大道的終點銜接光復廣場，是為了紀念在1640年反抗西班牙統治的人們；

而在廣場的中心有一座1886年揭碑的光
復紀念碑，紀念葡萄牙恢復獨立。廣場
西邊有一棟顯眼的粉紅色建築物是佛茲
宮（Palácio Foz），建於18世紀，目前
做為國家體育博物館與展覽館使用，一樓
為美術館與紀念品店，還有旅客最需要的
遊客中心（招牌寫「i」），提供許多免費的
資訊，比如：鐵路、電車、公車、Yello
Bus、Tuk Tuk、餐廳……等。

　　我覺得能夠放在遊客中心的商家，應該會比較令人放心，建議將這裡列為里
斯本的第一站，如果想要好好地走跳舊城區，拿一份好用地圖是必須的。同一
排建築物還有外觀吸引人注目的建築 Edén Hotel 酒店，立面簍空為中庭並且種
植大量植栽，在當時是相當大膽的設計，過去曾經是一家電影院，近幾年才改
為酒店。

　　腳步稍微移動到佛茲宮北邊的榮耀大道（Calçada da Glória），如果沒有意
外，應該可以看到許多正在等著坐纜車（Ascensor da Glória）的人潮，是里斯
本最熱門的纜車地點，但是旅人們應該要本著冒險的精神，勇敢爬上平均坡度
超過17度的陡坡，沿途能順便欣賞建築物上精采的塗鴉壁畫，大約十分鐘就能
到達阿爾坎塔拉聖佩多觀景台（Miradouro de São Pedro de Alcântara），這

裡是七丘之中唯一可以看到東邊全貌的觀景台，看到眼前群丘佇立，這時大概就能體悟「榮耀」大道真正的意涵。順帶一提，這裡在1910年舉辦第一屆登上榮耀自行車賽，當時的第一名成績為1分23秒，最近一次比賽於2013年舉行，成績為39.77秒，一百年縮短一半的時間。

　　走進廣場東邊的街道 Rua das Portas de Santo Antão，這條街道是里斯本最熱鬧的美食街之一，穿著得體的侍者會拿著菜單向我們打招呼，菜單上幾乎都是葡萄牙的傳統料理，有非常多選擇，如果不知道怎麼選擇，可以請侍者推薦他自己喜歡吃的傳統料理，而不是餐廳推薦的料理（餐廳推薦的料理價格都比較高）；往南走，街道兩旁有幾棟風格古典的電影院與劇院，在裡頭看科幻片的感覺應該很衝突；特別要提到的是街道上有一棟阿連特究之家（Casa do Alentejo），可別被她的外觀給騙了（實在太不起眼），以為和兩旁的建築無異，走進狹小的門變成寬廣的大理石階梯，往上走幾階之後，不經意地就 WOW 了一大聲出來，偌大的阿拉伯建築中庭，牆上細緻的圖紋雕花壁飾，光是欣賞這些工藝就很值得。這是一間經營阿連特究傳統料理的餐廳，往二樓走有兩間大型宴會廳，一間室內約六十坪的路易十六時期新古典主義風格，另一間室內約四十坪的新文藝復興時期風格，天花板都有浪漫的彩繪壁畫；這裡也是阿連特究文化協會的所在地，經常舉辦會議、文化、展覽活動。里斯本的景點很多，但請務必將「阿連特究之家」列入前十大，重點來了 —— 參觀免費！！

上城區（Bairro Alto）與基亞多區（Chiado）

里斯本的文學涵養量極高，在貝薩區與上城區區之間，可以做個文學散步之旅。上城區最有代表性的是以葡萄牙最偉大的作家為名的卡莫斯廣場，廣場中心的卡莫斯雕像雖然右手握著劍，但左手仍把詩放在心上，正對面安東尼里貝廣場上的安東尼里貝羅（António Ribeiro）雕像則顯得比較貼近人一些。

當然遊客都不是為他來的，而是為了巴西人咖啡館（Café A Brasileira），是葡萄牙咖啡 Bica 的創始店。Bica 其實就是 Espresso 義式濃縮咖啡。過去咖啡館是文人雅士交流的場所，門口在 1980 年放著詩人佩索亞銅像（以紀念他常來消費？！），但詩人不是來這邊喝咖啡聊是非的，而是來店裡喝苦艾酒尋找詩意的。只不過根據詩人在其著作表示，商業廣場的 Martinho da Arcada 才是他最愛的咖啡館。

阿歐法瑪區（Alfama）

「陽光穿梭在隨風飄舞的衣物之間」，是在里斯本最古老的街區 ── 阿歐法瑪

抬頭常能見到的畫面。石灰泥牆粉刷上鮮豔脂粉，窗台覆蓋穠織合度的鑄鐵花窗，誰知這一切都不敵歲月，紛紛剝落與生鏽。吸引我的，正是真實的生活與記憶的點點滴滴，再加上不遠處有人正在演唱法朵，空氣中能清楚感受到何謂Saudade的氛圍（這裡還真的有一條街叫Rua da Saudade）。

阿歐法瑪區的範圍幾乎涵蓋了四座山丘：聖喬治、聖文森丘、查加斯、格拉薩。最古老的區域也保存最多傳統，一早先到佇立於里斯本制高點的聖喬治城堡，先逛西元前一世紀由奧古斯都皇帝建造可容納5000人的羅馬人劇場遺跡博物館（Museu do Teatro Romano），在中世紀時被遺棄掩沒，直到里斯本大地震後才被挖掘出來並加以保護。接著到里斯本最古老、規模最大的聖塔克拉拉跳蚤市場挖寶。再到聖安東尼教堂（Igreja de Santo António de Lisboa）祈求愛情、許願能遇到對的人。

也可以參觀裝飾藝術博物館，由銀行家和收藏家聖埃斯皮里多收藏了從十五世紀開始葡萄牙的裝飾、藝術、繪畫、雕塑、手工藝等，後來銀行家將收藏全部捐給里斯本，並成立基金會。如果要在短時間內了解里斯本乃至葡萄牙，規模精緻的博物館空間裡，濃縮了近四百年的藝術生活史，值得親近。隨後再將腳步移動到博物館前優雅的聖路西雅觀景台（Miradouro de Santa Luzia），還有出現在旅遊書中的經典畫面──28號電車經過里斯本最古老的主教座堂（Sé de Lisboa），1147年由葡萄牙第一任國王阿方索一世下令興建。

從里斯本主教座堂往南邊塔古斯河走約100公尺，有一棵橄欖樹，聯繫著葡萄牙迄今為止唯一的諾貝爾文學獎得主薩拉馬戈，在他的著作《謊言的年代》（The Notebook）曾提到：「他的祖父在他生命最後的幾個小時裡，向親手栽種的幾棵橄欖樹道別、擁抱他們並且留下眼淚，經這一別之後，人與樹再也無法見面。這是值得效法的榜樣。」當薩拉馬戈過世後，他的骨灰就撒在他的基金會（Casa dos Bicos）前面的橄欖樹下，人與樹毋須告別進而合為一體。巴西詩人考托（José Geraldo Couto）曾說「詩人與城市之間的愛，是互惠的」，詩比詩人的生命更恆久，詩與詩人與城市之間，也能緊密相連。

自由大道（Avenida da Liberdade）

待在里斯本期間，很慶幸住在自由大道附近，那是一條鋪上花香、綠蔭參天的怡人步道。

第一天飛機降落在里斯本機場是晚上22:20分，由於入關人數並不多，大約半小時就出關，但也已經晚上11點了，原本預計要搭接駁公車，怕時間會拖更久，且到站後需走大約十分鐘的路才能到飯店，還是直接在計程車等候區等待計程車，能夠到這裡排班的車輛都有執照，比較不會被揩油。排隊等了約十分鐘後，警察幫我們指揮了一輛計程車並指示我們可以上車。乘坐過程與司機聊天，司機告訴我們自由大道是里斯本相當重要的道路，一共匯集了十多條道路，當地人直接簡稱為 Avenida（大道的意思），龐巴爾廣場圓環（Praça Marquês de Pombal）則是里斯本最大的圓環。開了大約15分鐘到達旅館，我看計程錶顯示為15歐，但我還是禮貌性地問多少錢，司機回答：25歐（事前已上網查詢，行情價大概15歐左右），我問為什麼會是25歐？他說因為我們的行李比較多，所以多10歐，好吧！夜已深、人累垮，就這樣吧！

原本預定在舊城區的民宿，但考量舊城區夜深人不靜與附近電車六點一大早的運作聲而取消，特別是有帶小小孩的父母，更需要注意。後來選擇隔兩條街就是自由大道的塔古斯皇家住宿旅館（Tagus Royal Residence）。從Google街景來看，附近街廓乾淨，牆壁很少有塗鴉（混亂的塗鴉加上破碎的窗戶，讓人覺得環境複雜、內心開始戒備）。另外一個考量點是，飛機抵達里斯本已經深夜，需要安全與好推行李的道路，這在里斯本很重要，你不會想在深夜帶兩個小孩，推四個行李，在街上成為獵物！

而我們如事前規劃的，抵達旅館已經凌晨一點。歷經長途飛行的煎熬，向旅館登記住房程序，進入房間放置好行李，馬上去公共浴室洗澡，終於可以褪去一身疲憊。

迎接我們的美好早晨，清新空氣、舒適宜人的溫度、略帶點涼意……其實有點冷。開始在里斯本的第一天，啟動我們的交通工具 ── 11號公車。七丘之城認真走起來，還真的不輕鬆，有點低估里斯本高低起伏的地形。所幸有身邊兩位年輕旅伴，讓不聽使喚的雙腳，不得不動起來。

自由大道從龐巴爾侯爵廣場往北延伸至地勢較高的愛德華七世公園，往南則延伸至地勢較低的光復廣場。我們每天走在繡上黑大理石織紋的白大理石地毯，一點也不會累，蕾絲般欄杆圈繞著水景瀑布與花圃，自由大道這條手工編織大理石地毯可不馬乎，大道兩旁為18世紀末和19世紀建築，沿著這些美麗的建築，順便逛了幾

家高檔的時尚服飾和珠寶商店，我們才想起，里斯本自由大道就等同巴黎香榭麗舍大道，也是眾多名牌選擇在這裡開業的原因。但她沒有香榭麗舍大道那樣貴氣逼人，反而十分親民！走在街上不會有一定要買名牌的壓力（我們始終找不到香奈兒在哪裡？！）。

自由大道上的垃圾桶、長椅、人行道欄杆、電線杆、路燈、咖啡店皆為大地綠，放眼望去，它們會自動沒入綠蔭隊伍，不會讓你察覺。唯一例外的，是帶有墨西哥草帽風格的紅色書報亭，他不是不合群，而是為了容易讓民眾發現，但我在想這應該是為了配合民眾買刮刮樂的好彩頭，真是萬綠叢中一點紅。其實還有另一個例外，是綠色路燈上的金色桅杆船，用金色是代表輝煌的時代，滿恰當的，待秋天來臨時，就又跟樹葉與樹枝的顏色融為一體了。

自由大道樹林間有許多座雕像，而我只認得一座——蕭邦（Frederic Chopin）。在大道的中心點，有一座大雕像，一位女神為蹲在地上、右手拿著手榴彈的士兵，戴上榮耀的桂冠，這是紀念第一次世界大戰所犧牲的葡萄牙士兵，紀念碑的標題是「為祖國服務，格雷的努力」。還有一座人工噴水池河道，神似與巴黎盧森堡公園裡的梅蒂奇噴泉。

自由大道總長1100公尺，寬度有90公尺，樹木高約7～8層樓，中間為雙向6線車道，相當大氣；人行道兩旁設計為單向慢車道，與快車道行車方向逆行，據說這樣的設計是為了紓解車流，有沒有效果我不知道，但卻無法降低每晚駕駛人透過喇叭聲，表達內心對於卡在車陣中的不耐煩。從住處順著自由大

道往下走，到光復廣場大概只要十分鐘，沿途設置許多座椅 ，坐在四季都不同的風景下，這是一條比巴黎香榭麗舍大道還要舒適的道路。

愛德華七世公園（Parque Eduardo VII）

有一天，起了大早去晨跑，從自由大道跑向高處的愛德華七世公園。十條道路交會的龐巴爾圓環，中心豎立了高達40公尺的龐巴爾侯爵紀念碑。站在最頂端為龐巴爾侯爵雕像，他將手臂放在獅子的背上，象徵著力量、決心和皇室本身，是一位來到葡萄牙不可不認識的人。龐巴爾侯爵最為人熟知的是在1755年的里斯本大地震重建，有巨大的貢獻，為葡萄牙奠定現代化的基礎。侯爵也對國家體制、經濟、宗教以及教育改革都有很卓越的付出，因此在葡萄牙各地能看到許多關於侯爵的紀念。

順著這一條維護良好的壯觀草皮地毯往北走一小段路，右邊有一座外觀典雅的建築卡洛斯·洛佩斯館（Pavilhão Carlos Lopes），最初興建於1921年里約熱內盧所舉辦的國際展覽，於1929年至1931年之間，選擇目前的位置做為體育館使用，在1984年以葡萄牙體育史上首位奧運金牌的得主卡洛斯·洛佩斯的名字命名。

這一棟建築立面有我自己非常喜歡的四幅磁磚壁畫，由薩卡文工廠（Sacavém）在1922年生產，分別是：一、薩格雷斯（Sagres）一位於葡萄牙最西南端，這個地方在15世紀中以前是一個可怕的物理障礙與心理障礙，當時

的人們深信位於翻騰的大海裡有蛇與怪物，恩里克王子就在人們最害怕的地方設立航海學校，帶領葡萄牙創造強盛海權；二、歐里克戰役：1139年奠定葡萄牙第一任國王阿方索一世的戰爭；三、被稱為情人之翼（Ala dos Namorados）的阿勒祖巴洛特戰役（Batalha de Aljubarrota）。時至今日，在每年的8月14日，當地男女老幼會舉辦活動，重現這段歷史來紀念戰役的重要性；四、南十字星（Cruzeiro do Sul），為南半球的第一批葡萄牙航海家發現運用，當時他們沒有北極星來引導他們，所以他們必須學習一種新的方法，在灰闇的星空下，船員仰賴眾神以微光排列出符號，引導船員安全抵達海洋盡頭的陸地，畫風細膩唯美。

再往更高處的愛德華七世公園跑去，如果時間剛好，可以看到飛機穿過佇立於公園頂端無敵巨大的紅綠色國旗，視覺感受相當震撼！愛德華七世公園頂端後方不遠處就是里斯本機場。我站在這個制高點與身旁同樣來晨跑的跑友，一同俯瞰整條壯觀的公園綠帶，綿延至塔古斯河上的巨大遊輪，這樣的規劃尺度十分大氣。想像1879年這條壯觀的大道上，絡繹不絕的馬車與馬蹄聲。

這時，我想起先前看過一些旅遊書或網站介紹葡萄牙，都是以歐洲邊陲小國、歐豬五國（PIGS）成員國之一、經濟前景不佳來看待她。事實上，在大航海時期的世界地圖可是以葡萄牙為中心，

再放射到世上的其他「角落」國家，雖然那是300年前的事了，但葡萄牙體質強壯，擁有厚實的藝術、文化、文學、美學、經濟……等基礎，以近期幾年的數據來看，經濟層面已經好轉起來，體質強健的她，不久就能回復往日年華。向身邊的晨跑者點頭致意之後，她跑向一旁的Amália Rodrigues花園，我則繼續將這片景色化做一張張兩千多萬顆畫素的照片。

貝倫區（Belém）

我們在無花果廣場乘坐往貝倫區的電車，沿途分別看到兩位國王騎在駿馬上那驕傲的英姿。透過髒髒的玻璃往外拍，心中突然覺得灰灰矇矇的意象完全呈現了里斯本目前的模樣——過去輝煌閃亮的光輝蒙上了一層灰，原有色彩奪目的建築因長久無人且無暇照顧而顯得斑駁，等待懂得她美好的人，為她擦去經年累月的塵埃。

　　提早在Belém的前兩站下車，是不希望夢想中的景點一下就出現在眼前，想說從外圍慢慢走近，採取包圍策略。再說，一處景點不應該只有景點本身，應該還要包括與周圍環境的關係，才會有整體性。順應而生或者橫空出世，給觀

者的感受絕對不同。我們離開列車行經的道路，往小巷裡鑽，看能不能遇到驚喜，果真如我所願。這是我生平第一次為雜草感到幸福，它們就這樣自然地躺在地上，不會成為市民與市政府環境保護課的眼中釘？會不會只是還沒到除草的周期呢？還是沒有經費？我都有思考過。等到我們將葡萄牙逛完一圈，我提出結論──雜草在葡萄牙是幸福的。

貝倫宮（Palácio Nacional de Belém）

我們首先來到葡萄牙的總統府貝倫宮，門口站哨士兵表情嚴肅，雙手握著一把已經出鞘的彎劍，與可愛的粉紅色建築外觀形成強烈對比。左邊同為粉紅色的房子上寫著共和國總統博物館（Museu da Presidência da República），可以購票參觀官邸，也能順便參觀官邸內的一座大型熱帶植物園（Jardim Botânico Tropical），裡頭種植了許多從殖民時期帶回的植物。在粉紅色的建築裡，要面對嚴肅的國事又要保有威嚴，與歐、美、亞洲的總統官邸相較，葡萄牙總統府算是非常有特色也非常衝突。

　　再往西邊走個100公尺，就是蛋塔創始店Pastéis de Belém，地面的人行道磁磚Pastéis de Belém 1837，向往來的人們訴說她深厚的來歷。1820年的自由主義革命，致使後來葡萄牙所有修道院都在1834年關閉，神職人員被驅逐出境。為了生存，在傑羅尼莫斯修道院（Mosteiro dos Jerónimos）裡有人開始賣糕點，這些糕點很快地被稱為貝倫糕點。與此同時，修道院和貝倫塔的壯觀建築吸引了習慣品嚐起源於修道院的美味糕點的遊客。1837年，Pastéis de Belém從附屬於煉糖廠的建築開始營業，遵循古老的修道院祕密食譜，配方至今仍未改變。

　　可別以為這家店面寬只有20米，往櫃檯後方的通道走去，我們雙手緊握著孩子，怕在裡頭「迷路」，估計室內總面積大約600坪，室內還有一小區用來展示貝倫區的歷史。在經過眾多的用餐區與閃過眾多人群後，我們找到了一處可以在中庭戶外用餐的位置。

　　由於在出國前幾天，已經先在台灣品嚐速食店蛋塔，很想知道兩者的差異，我們兩大兩小點了7顆蛋塔、一杯熱巧克力、一杯Galão。創始店的蛋塔較大，外層是較厚實的千層，硬脆有嚼勁，不過這樣的口感卻無法深得我們的心，可能我們都習慣了薄、酥、脆的口感吧！孩子的反應最明顯，原本喜歡吃甜食的兩兄弟吃了幾口就不吃了，請服務生將晾在旁邊的三個蛋塔打包之後，前往附近公園野餐、曬曬太陽。（對了，享用蛋塔前記得撒上肉桂粉喔！）

　　值得一提的是，葡萄牙到處都有賣蛋塔的店家，但只有創始店可以稱為「貝倫糕點」，因為創始店在營業初期已經將食譜還有名稱都申請了專利，後來的其他麵包店、糕點店所製造的糕點，則稱為我們比較熟知的「蛋塔」（Pastel de

nata），也許是因為這樣才會有硬脆與酥脆口感上的差異。順道一提，葡萄牙文的不客氣是 De nada。

在里斯本找到0歲到100歲都可以使用的公園

在貝倫蛋塔創始店前的貝倫公園（Jardim de Belé），一張告示牌標示著「本公園使用年齡限制：0歲～100歲」，這是我第一次看到0～100歲都可以使用的公園，到底是什麼樣的自信可以將公園器材使用年齡設定為0歲到100歲都可以使用？！看起來簡單的設施，以極為謙卑的姿態歡迎進到公園的每一個人。雖然葡萄牙並沒有每一座公園都寫0～100歲，但我認為已經很了不起了。事實上，在1990年代以前，器材也是不分年齡使用的，隨著時代的「進步」，大家逐漸認知到幼兒需要透過玩耍，才能有更健全的發展，因為「玩」是最重要的學前教育，而公園裡的遊樂器材，應該要有針對0～5歲的兒童設計。

帶著小孩出國，必然要考慮是否有適合小孩的行程，親子旅行多了幾雙稚嫩的雙眼跟著我們看世界。小孩畢竟是小孩，一到目的地就想要「玩」，而大人是想要「欣賞」，動機不一樣，因此造訪每座城市的時候，我也一定會排入孩子的景點，尋找他們能玩的。尤其當孩子在公園與其他國家孩子玩在一起時，有助於他們認識這世界上與我們不同的人，縱使語言不通，他們也會為了玩而想辦法玩在一起，這些不同會因為常接觸而變得相同，世界觀也從此時開始建構。

城市裡的居民需要公園來緩和人造水泥建築對身心靈的影響。我認為公園設

施必須考慮到是否對家長與孩子友善，是否能協助孩子發展創意、挑戰、探索？孩子是否可以從中獲得解決問題的能力？器材是否可以培養團隊合作？設施是否照顧到家長歇腳的需求？有無樹蔭可以遮烈陽？器材材質是否禁得起時間考驗？最最重要的是，家長與孩子是否會期待再來這座公園？

　　每一座偉大的城市都有好幾座偉大的公園，來支撐他們的生活品質：倫敦海德／攝政公園、巴黎杜樂麗／盧森堡公園……。在葡萄牙里斯本有非常密集的公園分布在城市中，如果從衛星地圖俯瞰，住宅區圍牆內也幾乎都有種植大量樹木，這是可以理解的，因為葡萄牙的陽光很強，以我們整個五月都待在葡萄牙來說，雖然體感氣溫是涼爽的20度，但是陽光照在皮膚上會刺痛，感覺像33度，才過幾天，大家都曬黑了。另一方面，葡萄牙住家安裝冷氣的比例不高，樹木成為調節溫度最好的材料，而且能坐在樹下聊天、看書、打瞌睡、看著孩子玩耍，感覺多好！

發現者紀念碑（Padrão dos Descobrimentos）

緊鄰著貝倫公園的是帝國廣場（Jardim da Praça do Império），這裡的大理石椅令人印象特別深刻，從帝國廣場1940年啟用至今已經80年了，還跟新的一樣（每天都有人體拋光機），幾近永恆為使用年限的產品，也許將來我的曾曾曾子孫從TRAPPIST-1星系回來旅行，還能將我們的影像投射在同一張椅子上面，以表慎終追遠。我們坐在椅子上拍了一張照片留念，也拍下坐在推車上不停哭鬧的Lyon，以後他會感謝我們的。不過我覺得廣場的規劃讓人有距離感、不夠親近，也比較少有樹蔭可遮陽，或許是要展現帝國情操那般大無畏的精神吧！還好廣場中心的巨大噴泉裡總是有一大群鴿子，牠們好似組成了幾個縱隊，會輪流飛下來跟小孩玩，滿貼心的。

　　視線順著噴泉水池往南，會看到一支52公尺高的巨劍發現者紀念碑插入塔古斯河岸邊，巨劍的另一面以船首為造型，由亨利克王子站在船首，右手拿卡拉維爾式帆船、左手拿著地圖，帶領32位葡萄牙歷史上重要的代表人物，象徵葡萄牙的榮耀從此開始。最初這座航海紀念碑因為要趕著在1940年世界博覽會開幕前啟用，花了8個月就完工，由於使用的建築材料容易腐蝕，到了1958年拆除後重建成目前的型式，也剛好在1960年亨利克王子逝世500週年的這一年完工。

　　在發現者紀念碑與帝國廣場中間的人行道上，有一攤行動果汁吧，賣的是新鮮現榨橘子汁，我們買了一杯要價2.5歐，算還OK啦！正當享受這份葡萄牙路

邊常見的行道樹的酸甜滋味時，一艘七十公尺高、能乘載三千多位乘客的巨無霸郵輪從亨利克王子的卡拉維爾式帆船前行駛過，我的嘴巴不得不先鬆開吸管，向那位時代先驅致敬，因為他的努力不懈，改變了航海的方式，也改變了世界運行的方式，如今探索世界變得舒適又愜意，再也不需要冒著生命危險。又在準備繼續喝的時候，一架飛機飛過亨利克王子的上空，這是經過558年後，我們所處的2018年，那麼再經過500年會是什麼樣子呢？把答案留給時間吧！

「你的大航海家將會展現新的世界，讓人們感到驚訝。」葡萄牙大詩人卡莫斯這麼說。

發現者紀念碑前的地面是一幅巨大的玫瑰羅盤，記載著葡萄牙航海探索過的國家，這不禁讓我想起那血淋淋的殖民燒殺掠奪史，曾經受殖民的遊客在此站上自己的國家，不知感受如何？也想起葡西兩國於1494年簽訂《托爾德西里亞斯條約》（*Tratado de Tordesilhas*），很有野心地將世界分成一人一半，以便彼此能「公平」探索。跟孩子講完上述殖民血汗史之後，我們也像各國遊客一樣，在這一片地圖找自己的國家，自拍一張。如果要一窺這座廣場的設計全貌，非得要登上紀念碑頂端的瞭望台才行，海洋波浪裡放置著直徑50公尺的巨大羅盤，中心點是以玫瑰色大理石拼成的世界地圖，馬賽克拼花磁磚的藝術真是了得！這座

觀景台在里斯本無人能出其右，飽覽傑羅尼莫斯修道院與帝國廣場的全景，坐擁塔古斯河河岸第一排，只需5歐（想想剛才一杯果汁就要2.5歐），太壯觀了！

貝倫塔（Torre de Belém）

沿著河邊往貝倫塔方向走，有一架水上飛機，是為了紀念1922年從里斯本橫越大西洋到達里約熱內盧的兩位飛行員Sacadura Cabral和Gago Coutinho。飛機是複製品，機頭方向朝著里約熱內盧，前有發現者紀念碑導航員亨利克王子，後有開飛機橫越大西洋的兩位英雄，同樣積極地鼓舞著葡萄牙開創未來。

沒多久可以見到海上堡壘貝倫塔，保護里斯本免受海上攻擊，興建於曼努埃爾國王統治時期的貝倫塔，有著華麗的外觀，摩爾式的瞭望台與裝飾。不過不用對它的內部存在太多美麗的想像，這是關犯人的地方。1983年被列為世界遺產。

我們去的時候很幸運地並沒有長長的排隊人潮，原因是已經打烊休息了。

傑羅尼莫斯修道院（Mosteiro dos Jerónimos）

每當看到屹立在眼前的古老建築，除非明文禁止觸摸，否則我的手都會忍不住在建築之間游移，用手心掃描千百年風霜刻畫過的紋理，成為五感的一部分，孩子們也會跟著我摸。我們不只用心、用眼看建築，更用身體感受建築。站在

傑羅尼莫斯修道院，長達300公尺氣勢宏偉的建築立面令人震懾。有人說，人們在看見超乎當時想像的人造物後，在讚嘆之餘，產生信心，進而信仰，而我是手開始發癢，想要實際體驗它的偉大。

建立於十五世紀的傑羅尼莫斯修道院，由當時的葡萄牙國王曼努埃爾一世（Manuel I）起造，以紀念達伽瑪（Vasco de Gama）從印度幸運歸來，後來也成為王室的長眠居所。整座建築是曼奴埃爾風格的極致展現，除了基本的宗教元素之外，還採用大量的航海符號與動植物裝飾，這幾種元素的搭配是葡萄牙獨有的，在國王曼奴埃爾一世的統治期間大力發展，因此以他的名字為統稱。而真正要讓人心生佩服的，是構思出這種風格的建築師若昂・傑・卡斯蒂略（João de Castilho）。

在過去兩千年的西歐建築發展史中，羅馬式、哥德式、文藝復興、巴洛克、洛可可風格等等的建築大家都耳熟能詳，唯獨葡萄牙的曼奴埃爾式鮮少為人所知。探究其原因大概有四點。首先，葡萄牙封閉的地理位置，其他歐洲國家要與它交流，並不容易；其次，海上帝國逐漸失勢後，國力不若以往；再來，當時歐洲盛行義大利文藝復興風格，其工法比起曼奴埃爾式更為簡單，人力與時間成本也低；最後，繼位的國王風格喜好不同，並未接續將其發揚光大。關於

曼奴埃爾風格，相關建築叢書並不多，中文資訊更少且相當零散，以上純屬個人見解，不代表正確的史觀。

傑羅尼莫斯修道院立面的建築材料是白色石灰岩，一進到修道院就精采了，內部的迴廊材料是取自里斯本郊區的金色石灰岩（Pedra lioz），幾乎每一公分的造型都不同，顯示當時做工之極致。當陽光灑落在迴廊，穿透那雕工細緻繁複的雕花，從金色石灰岩提煉出高貴的光澤，不得不讚嘆彼時東方香料貿易稅5%抽得好，才有資金蓋出這座建築葡萄牙引以為傲的建築。

走到聖瑪麗教堂中殿，六根刻上雕花精美的曼奴埃爾式裝飾柱，將人的視線帶往高達30公尺的交叉肋骨拱頂，密集的拱頂交織如同滿天繁星般璀璨，再射下六根光柱，連接人類靈魂祈禱處。往二樓走，會看到一尊被釘在十字架上的耶穌，與其他不同的是，這尊耶穌像非常寫實，好似血才剛流過皮膚凝固而已，也許這樣才能提醒人們耶穌曾經承受過的痛苦吧！

既然都到這裡了，自然要向長眠於此的兩位葡萄牙偉大詩人致意，第一位是卡莫斯，雖然我只有造訪他短居的小鎮康斯坦西亞（Constância），還用Google詞不達意地翻譯看過他些許的著作，但我仍然堅持這麼做，因為他不用蠻力、暴力去傷害他人，而是以詩意征服人

心；第二位是佩索亞，因著他一百年前所撰寫的旅遊書，讓我們壯遊在百年後的里斯本城網路中。細想，一處世界文化遺產，能夠留一個讓詩人長眠的位置，代表一個國家對文化的重視。詩的力量何以量化？它不是令人生畏而屈服的武器；詩的重量，足以壓垮虛無飄渺的制度；詩的路途，無邊無界，能行走至無限遙遠、跨越時空。我不禁想像，世界上有沒有一個國家能像詩一般地長存著呢？也許不會有，因為文字不會像人一樣地充滿野心與爭奪。

　　連接修道院建築物西邊的建築物是國家考古博物館（Museu Nacional de Arqueologia），由修道院的宿舍改造而成，收藏從新石器時代、鐵器時代，並且擁有葡萄牙博物館中最多的羅馬馬賽克，以及境內最多的古典雕塑收藏品。從中可以了解到時代的變遷與民族間的融合。再接著往西邊有兩座高塔教堂，門口寫著海軍博物館（Museu de Marinha），政府在1959年將教堂改造為展示航海歷史、海軍、休閒、漁業的空間，收藏了數十艘大大小小的船隻，是了解葡萄牙完整航海史的好地方。貝倫區有相當多大型的參觀景點，時間安排至少要一整天才足夠。

阿歐瑪達區（Almada）

一日早上，我們在里斯本的索德烈碼頭（Cais do Sodré），買了往返索德烈碼頭到卡西列須（Cacilhas）航線的船票，搭渡輪前往對岸的阿歐瑪達區。此區最大的地標是里斯本大耶穌像（Santuário Nacional de Cristo Rei），不過那裡有一艘古代帆船戰艦等著我們登船探險。才上了搖晃的渡輪，感覺自己是大航海時期的船員，搖晃感沒有時間與空間的差別。我們選了靠近窗戶的位置，以便欣賞河岸風景。渡輪離碼頭越來越遠，七丘之城的面貌也越來越清楚，可以開始來點名了：聖文森、聖安德烈、格拉斯薩……其他三丘的輪廓則不太明顯，被建築物所掩蓋。而果然聖喬治山丘「看起來」是最高的，可能也是因為它又蓋了高聳的城堡與濃密的樹林吧！而停靠在碼頭的巨大遊輪，則像是里斯本又延伸出來的一座山。

大約二十分鐘左右的航行時間，過過航海時期的癮，上碼頭後，我們先到一旁的涼椅整裝，雖然整值大太陽，但五月的海風吹來還是有點冷。涼椅的位置恰到好處，儼然是坐擁七丘之城美景最棒的第一排。

這艘船名列世界八大最古老的帆船戰艦，服役於 1843 年至 1940 年，停駛後做為教育福利機構總部，然而在 1963 年維修期間，不幸引發大火，燒毀部分船

體結構，船隻被拖到塔古斯河岸旁放置，說白一點就是遺棄。直到1990年，葡萄牙海軍決定將它恢復到當時的外觀。1998年9月，世界船舶信託基金會授予它國際海事遺產獎，將它的修復視為我們這個時代最令人驚嘆的歷史船舶保存成就之一。

我們的孩子在登艦前已經「騎了」幾座大砲，登艦後，拿了當時使用的各種工具，粗重的麻繩、火藥裝填工具、砲彈……等，船上似乎沒有什麼是不能摸的。參觀動線清楚，共有三層，詳細地還原當時的環境，孩子們能實際了解船員在海上生活的模樣。但還是要再提醒一下，葡萄牙的安全界線是自己訂定的，碼頭、河川、懸岩……等，我們認為會有危險的地方幾乎都不會有護欄，帶著小孩旅行要特別注意，要讓孩子了解危險而非一昧制止。

來到色彩豐富的漁村，就想要找新鮮海味填補空虛的胃，這條阿歐瑪達最熱鬧街道在多年前改為行人徒步區，將柏油道路改為海浪波紋的大理石磁磚，以迎接觀光客到來。令人訝異的是，我們在中午用餐時段覓食，用餐的人卻寥寥無幾，內心一方面覺得惋惜，一方面又覺得自己發現了較少觀光客的地點。街道旁的餐廳將鮮豔有質感的餐巾和桌椅，整齊劃一地擺放在餐廳門口，為市容增色不少。

我們先將整條街道走完後，從中選擇一家櫥窗掛有漁獲的餐廳A Toca Restaurante，我們點了烤沙丁魚還有海鮮鍋與生菜沙拉。一盤六隻的碳烤沙丁魚，表皮焦香，但魚刺多了點，小朋友吃要小心，餐盤還有幾塊馬鈴薯，葡萄牙產的馬鈴薯果真被喻為是全世界最好吃的。接著送上來的銅鍋裡裝著滿滿

的海鮮料，味道看來實在太鮮美了，為避免浪費精華，我隨即跟侍者要了一支大湯匙，準備大口喝湯，侍者有點訝異地看著我，但還是去拿給我。嚐了第一口湯汁後，覺得濃郁鮮美，再嚐第二口，味覺已經跟我抗議—太鹹了！不過葡萄牙的料理偏鹹是公認的，記得跟侍者要麵包來沾湯汁才是正解！

我們順著山坡小巷往上走，夾道兩旁色彩豐富的公寓外牆，一位阿姨在欣賞自家花台上盛開的天竺葵，「Posso tirar uma foto?」我笑著問可以拍照嗎？阿姨笑著說可以。此時，我沒發現一台電動小巴士悄悄地開在我們後面。悠閒寧靜的小漁村，穿梭在此的大眾交通工具是輕聲躡步的電動小巴士，假如是柴油引擎巴士，肯定充斥噪音與廢氣。

回到卡西列須碼頭，搭船前，我還想要多看看阿歐瑪達。沿著碼頭邊散步，彼岸是全葡萄牙最熱的觀光區域，到旅遊旺季的時候，會塞滿遊客。此岸，身邊一整排破舊的倉庫建築物，還好有塗鴉客好心賦予它不同的面貌，裡頭的樹都已從窗戶與屋頂探出頭，誰才是建築物的主人，已經很清楚。光鮮亮麗與黯然失色、得寵與失寵、失衡與平衡，取決於自己想要的生活。

我站在被海水侵蝕到鋼筋外露、水泥穿孔的碼頭上，以全景的拍攝方式，串連得寵的七丘與失寵的阿歐瑪達，準備製造視覺的衝突感。然而，對於我身邊的兩位釣客來說，我這樣的解釋明顯太過主觀與狹隘。

　不遠方那座於1966年落成的紅色大橋，原名稱為「薩拉查大橋」，也在轉型正義後，以4月25日大橋（Ponte 25 de Abril）命名來紀念這得來不易的自由民主，並稱那一場革命為康乃馨革命（Revolução dos Cravos）。沒有人會去緬懷一位獨裁者，還將他的名字用在民主社會裡。

　大部分的書籍資料都將「4月25日大橋」拿來和舊金山的金門大橋比較，事實上，先前有幸造訪舊金山，4月25日大橋的結構與奧克蘭海灣大橋比較像，兩座橋都是同一家公司建造，只是因為同樣是紅色的關係，容易與金門大橋產生聯想。

　「這裡才是生活該有的樣子，你瞧，魚又上鉤了。」一位年輕釣客看我在旁邊故意露一手的樣子。如果想要遠離里斯本的觀光人潮，感受最近的漁村景緻，順便一覽七丘全貌，那麼阿歐瑪達會是一個很好的選擇。

坐船回到索德烈碼頭，前方的特色建築物為里貝拉市場（Mercado da Ribeira），幾年前由倫敦媒體集團改裝為Time Out Market，藉由集團在雜誌與採訪五十年的經驗，將傳統菜市場化身為高品質的時尚餐飲空間，連帶的價格也相對貴氣，但物有所值。中央空間為用餐區，周圍是餐廳，最外圍是魚肉攤與花市。建築本身就值得參觀，再加上當前整體空間規劃與精選的餐廳，會在短時間內成為里斯本的人氣場所，也是很合理的。順帶一提，Time Out Market網站提供豐富的旅遊資訊，同樣值得參觀。

里斯本後記

蒙塵的光輝

比起航海紀念碑與貝倫塔這樣知名大型的歷史建築，狹小巷弄裡顯然更有趣，可以發掘這座曾經是航海霸權大國生活化的一面。當然里斯本不全然是舊，如羅西歐廣場與商業廣場周圍的建築物都已被主人細心照料著，若離開舊城區，看到的舊並非殘破不堪的舊，而歲月的痕跡，不需要用粉底液蓋掉，或許在葡萄牙人心裡，這是自然的，自然就接受了這樣的改變，只有新的買家會將它整理一番，賦予宛如初生嬰兒般的皮膚。

待得越久越會對里斯本感到惋惜，四處可見如同主人很久沒回家被貼牌待售的房子，幸好里斯本也到處都可以看得到建築物正在裝修，在往高處一點的觀景台上，看見天際線佈滿塔式起重機的吊臂，不疾不徐地往城市地面攪動著，相較於其他歐洲國家，里斯本更新的動能強烈持續運轉，積極地以新面貌迎接世界各地的旅客前來擦亮她那原有 Bling Bling 的歷史，而這代表有很大的商業與就業機會，根據全球物業指南顯示，葡萄牙在 2012 年啟動的黃金簽證計畫給予投資房地產的非歐洲國民的居留許可，對非常住居民的權力是另一大吸引力。自計畫啟動以來，已經吸引超過 28 億歐元的投資。

根據非常住居民的政策，外國人在 10 年內只需繳納 20％的所得稅，且還對退休人員免除了部分的稅收，這項計畫吸引很多來自法國的買家，主要是退休人員，這一點在我們從巴黎往 CDG 機場的計程車司機 Arezki 口中得到證實。

在經濟狀況改善的情況下，葡萄牙的房價繼續強勁上漲，消費與房租也跟著上來。在過去的十幾年裡，葡萄牙所有地區的房價都有明顯的下跌，儘管 2009 年有些復甦，但 2010 年第四季度房價開始又再次下跌，在房價連續下跌 13 季後，2014 年第四季價格才開始回升。以里斯本為例，租金報酬率為 5.65％，

里斯本的公寓成本為一坪為8403歐元，約台幣30萬，請問我是在做仲介嗎？

　　對短時間待在這裡的旅客來說，再次舊地重遊絕對不會感到疲乏，因為城市建築樣貌不斷地「以舊修舊」，注意喔！是「以舊修舊」。以舊城區來說，1755年大地震後的龐巴林式建築外牆必須完整保存，建物再翻修的時候必須將外牆以鋼骨結構保護，之後才能進行室內結構翻新，屋頂就沒有限制，這就是為什麼在里斯本常看到塔式起重機，尤其以舊城區來說，街道狹小、坡度陡斜、工程車出入不便，只能將材料置於附近比較大的空地，再透由塔式起重機從屋頂送料。也因此，如果稍隔一段時間再造訪，里斯本又會有新的面貌迎接前來的遊客。

世界文化遺產旁的貧民窟

葡萄牙導演佩德羅·科斯塔（Pedro Costa）曾拍攝里斯本外圍貧民窟Fontainhas三部紀錄片，敘述1974年推翻薩拉查獨裁政權後，迎來共和制，也解放了海外殖民地，來自安哥拉（Angola）、維德角（Cabo Verde）、莫桑比克（Moçambique）等過去殖民地的歸國者大量湧入里斯本市中心，過多的人口讓生活條件失衡，造成治安與環境惡化，里斯本政府為了解決貧民窟問題，在郊區蓋了許多社會住宅，但是市中心畢竟比較方便，居民不願意搬遷，原本

的老宅也慢慢變成貧民窟。經過多年的政策調整，從原本提供社會住宅，轉變為翻修舊有住宅；對於民間改善居住環境的翻修者，提供65%的補助。

「市政府一直要趕我們走，他們要將土地賣給土地開發商，我們沒有錢、沒有土地，根本找不到地方可以重新開始；有時候警察會直接來家裡帶有一切。」一段新聞影片中，背景是已經拆到一半的住宅，受訪者是住在里斯本郊區貧民窟的歸國者第二代，她的心聲是這片非法占領鐵皮棚區住戶們的縮影。這是觀光景點的另一面，旅人有必要知道這些嗎？對我來說，我想要貼近造訪地、見證這個時代生活的真實面貌，而非只看景點。說到景點，只要付5歐就能跟團參觀距離里斯本市中心不到二十分鐘的貧民窟Cova da Moura。

用資本主義力量留下古蹟老宅

在里斯本看到一棟正在整修的物業，外面防塵布貼著Real estate for sale in Lisbon字樣，引起我的興趣，通常在里斯本看到的都是完工出售，無論有沒有經過整修，工程進行中就上市場的物件表示賣方有資金需求（價格比較有議價空間），台灣也是一樣，這一棟就是邊裝修邊賣，拍下來回家一探究竟。

　　查詢之下，是一家專門修護古蹟老宅與物業投資的建築設計公司（http://az-invest.com/Projects），維護與投資兩者結合，對保存並延續古蹟老宅的生命有極大的利基點，特別是在經過科學計算有實質投報率的保護傘下，葡萄牙的古宅不會有自燃現象，因爲他們從千古至今都習慣跟古蹟住在一起，古蹟是日常生活的一部分，不是累贅、也不是貼上價格標籤的商品。

窗臺上的風景

或許是對這幾年攀升的觀光人口感到新鮮吧，葡萄牙人喜歡探頭出來看看來自世界各國的人在上下起伏的大理石街道上走來走去，再看看那邊拿著地圖找不到路的年輕男女，再看看另一邊準備拉開女性遊客背包拉鍊的偽觀光客小偷，再看看女性遊客身邊有一位亞洲男性正對著她拍照。家離地面有四層樓高，算了，也不是第一次被拍！

　　看到趴窗人常讓我想到法國作家埃米爾‧梭維斯特（Émile Souvestre）筆下的哲學家，他在巴黎住處的簡陋閣樓，可能也是像這樣撐著下巴、趴在窗檯，把街道上巴黎人的生活百態一篇一篇收進閣樓書桌上的記事本。那麼不會動筆寫作的人呢？ 或者趴在窗臺上的老人們呢？ 這是日常生活的一環，有趣的很。

里斯本人開車兇猛

里斯本人開車比其他城市還要兇猛，在石頭路的小小轉彎咻一下就過了，完全不需要煞車（車尾煞車燈沒亮），但對行人可是非常禮遇，駕駛看到行人舉棋不定、要不要過，會揮動手指示行人先過。

里斯本不等於頹廢、失落

大多數旅客造訪里斯本多半集中在七丘之城的範圍，也就是舊城區，不過這僅是里斯本的一小部分而已，舊城區裡普遍都是庶民的生活環境，建材沒那麼講究，也不像19世紀的巴黎經過大改造那般整齊劃一。因此如果單單只是逛了舊城區，就會容易貼上頹廢或沒落的標籤。佩索亞在《不安之書》中說到的「頹廢」是做為生命基礎的無意識的全面缺失。老舊建築風塵斑斑的風華，是上了年紀的歲月痕跡，不是缺點喔。

　　在我眼裡，里斯本並不是失落的美，而是正在復甦的美。她沒有急到需要趕快濃妝豔抹，然後一邊拎著高跟鞋一邊跑去參加宴會，在她前面的有巴黎、威

尼斯、維也納、布拉格、巴塞隆那、阿姆斯特丹……等，皆因慕名而來者眾，飽受其擾。

　　飽讀詩書的里斯本，文學底蘊豐沛，信手捻來皆是詩意，現在有許多人正在幫忙她慢施脂粉、回復應有的美貌，美的復甦，正在進行。「只需給里斯本她本來的樣貌，富有文化氣息、現代、整潔而有條理，並且未喪失任何內在的精神，這樣就夠了。」諾貝爾文學獎得主薩拉馬戈如是說。座落在歐洲最西邊的她，只是有點跟不上世界變化的腳步，仍然保有原始風味，但也因此躲過了歐洲近代最慘烈的二次世界大戰，這何嘗不是一種恩賜呢？

　　我期待她找回應有的高貴面貌，同時又害怕她追求者眾，但我自己也是這股浪潮的其中之一，不是嗎？

辛特拉
Sintra

這是世界上最美麗的地方，
足以寫一部小說了。

—— 亨利‧菲爾丁 (Henry Fielding)

1757年，英國小說家亨利‧菲爾丁退休後，選擇搬到辛特拉的一座豪宅居住。後來另一位英國大詩人拜倫在遊歷過辛特拉後更說：「我詞窮了，不知道如何敘述眼前這位陌生的辛特拉美女，也許美麗更勝於崇高、華麗更勝於美麗。」風流浪蕩的拜倫會想到以自己熱愛的女人，來敘述辛特拉，可見他真的愛上了。

從里斯本出發，約40分鐘車程，就可抵達貴族度假勝地，我戲稱為「男人的樂高樂園」—— 辛特拉。小小的辛特拉擠了許多景點，都是當時王公貴族巨賈競相投入建設自己的樂園，也因此，辛特拉成為十九世紀歐洲浪漫建築主義的

第一個中心，留下許多珍貴的建築，影響了整個歐洲的景觀建築的發展。整座辛特拉山在1995年被聯合國教科文組織列為世界文化遺產。參觀辛特拉任何一處景點之前，建議到先遊客中心或售票處，索取由辛特拉公園製作的免費導覽資訊，設計排版精美、內容詳細、路線清楚、照片品質高，小小一本就是一本私人導遊，兼具實用以及收藏功能。

雷加萊拉宮（Quinta da Regaleira）

在辛特拉山腳下的民宿吃完早餐，並且準備好野餐食物後，我們驅車開往雷加萊拉宮。從市區開進山區道路後，就明顯感覺得到舒服的涼意。一早的觀光客不多，我們很幸運地停在雷加萊拉宮入口處附近的停車格，停好後才發現這個位置是一棟待售莊園的出入口，剛好雕花鑄鐵柵欄內有人正在打掃，經詢問之後獲得同意，多麼幸運的一天。

　我們全家一致認為雷加萊拉宮美景完勝名氣最大的佩納宮，雖說沒有一個景點可以被除名在外，但如果時間有限，別被名氣沖昏頭了，建議雷加萊拉宮和蒙塞拉特宮與公園要先排入，這兩個景點人潮相對其他景點還要少。我們第一天星期日去不用排隊，而第二天星期一在辛特拉宮要排一小時，佩納宮至少排兩小時。長時間自

助旅行，無可避免地會排入當地熱門景點，如何在觀光團的夾縫中擠出時間，也是一門學問，還好有兩歲幼兒優先入場護身符，省去排隊時間，不然都要放棄欣賞了。

雷加萊拉宮是自然主義的實現，從1904年開始，僅用6年的時間就蓋出了一座令世界驚豔不已的傳世建築，園區內有瀑布景觀、石窟池塘、地下迷宮隧道，彷彿進入如森林般的環境。孩子很開心，可以到處摸都沒關係，尤其園區蜿蜒錯綜，景觀之間幾乎都是相連結的，像在玩遊戲一樣。我們走到石窟池塘底下居然是一座水族館，雖然已經荒廢了，但還是不得不佩服百年前就將水族館融入在大自然裡的想法。

其中一處最知名的啟動井（Poço Iniciático），深達27公尺，我們順著走下旋轉樓梯想要由井窺天，「這座井底部是以大理石拼成指南針與聖殿騎士十字架的瓷磚地板，據說這是當時的主人Carvalho Monteiro和他的玫瑰十字會的標誌，也有人說這座井是做為塔羅牌或是共濟會儀式使用而不是儲水。」我們聽到帶著美國遊客的葡萄牙導遊說了這番神祕故事，事實如何，不得而知。不過查了資料後才發現雷加萊拉宮與布薩可皇宮（Bussaco Palace Hotel）同為義大利籍建築師Luigi Manini的作品，兩處都是人造建築與自然景觀相處的最佳範例。園區有大量的動物植物雕塑，所有景觀幾乎都是人力所開鑿的，人造景觀在山區長期濕氣的滋養下長出青苔，更具原始風味，如果不是閱讀園區資訊，我們會以為這是辛特拉原有的自然地貌。

蒙塞拉特宮與公園（Palácio de Monserrate）

在門口買完票，研究了園區地圖，我們決定先繞遠路到花園參觀，花園依照園區內的微氣候規劃，首先經過涼爽的蕨類區，緊接著是陽光充足、氣候乾燥的墨西哥花園。我們在玫瑰花園歇腳，就近欣賞各種不同種類的玫瑰，也順便將背包裡的水果、果汁、餅乾拿出來野餐。邊走邊欣賞沿途植物繞了一大圈之後，我們來到宮殿前的斜坡大草坪，已經有一個家庭在巨大的柏樹下休息，看得出來柏樹非常受孩子歡迎，一腳就能跨上樹，非常好爬，我們則躺在草皮上，把握難得的慵懶。

　　剛好也有一對夫妻帶著三個小孩在樹下野餐，對於亞洲面孔感到好奇，一直偷瞄。山坡下是日本庭園與清澈的蓮花池塘，還有一棵高度超過50公尺、園區最大的松樹。山坡上是富麗堂皇的蒙塞拉特宮，很難想像詩人拜倫在1809年造訪的時候，宮殿可是一處廢墟，不過眼前公園的美麗景緻還是為詩人提供豐富的靈感。

　　蒙塞拉特宮是浪漫主義的典範，室內走廊連接三座塔樓，走廊兩側的牆壁與天花板布滿細膩的雕花，再點綴上金色線條，給人的感覺十分高雅。來到音樂廳裡，坐在白色細骨鐵椅上，欣賞著環繞音樂廳16根柱子上的16位女性雕像，仰望圓拱頂層層疊疊、如蕾絲般的雕花，整座空間散發出極致優雅的氛圍，可以想像在這裡的演奏出來的音符會有多美。宮殿內的一間展覽室，正在播放19世紀末貴族與文人雅士在庭院聚、聽音樂會的影片，這肯定是屬於葡萄牙的美好年代。

　　說到美好年代，葡萄牙今日祥和民主的道路，也是經歷了幾次革命、一段國家震盪期，從1910年共和革命，1926年由經濟學家薩拉查（António de Oliveira Salazar）掌權開始威權執政，直到1974年4月25日的一場軍事政變期間，民眾將康乃馨插在軍人們的步槍上，以歷經兩年的和平訴求方式，才擺脫長達數十年的威權統治，這也是西歐20世紀最長的獨裁政權，葡萄牙可以說二十世紀大部分的時間都在內耗與空轉。

　　造訪期間，蒙塞拉特宮的東西向外牆正在維護，內部二樓展示著修復所需要的各種工具，這一看才知道，原來有些立體花紋是用板模壓印出來的。建築物無法自我修復，若要保存得宜，必須要投入相對的人力與財力，才能變成永垂不朽的古蹟。

辛特拉宮（Palácio Nacional de Sintra）

再次面對滿滿的排隊人潮，我們心裡早有譜了，在售票處買票時詢問了工作人員有無優先入場，她說「這邊請」，又賺了一個多小時的排隊時間。

根據歷史記載，迪尼斯國王（Diniz I）不只送歐比多什（Óbidos）給伊莉莎白皇后，還有阿布蘭特什（Abrantes）、波爾圖德莫斯（Porto de Mós）與本日的主角辛特拉，以後要改送禮的台詞為：鑽石恆久遠、城堡永流傳。

外觀樸素的辛特拉宮，最特別之處在於屋頂上與宮殿不成比例的兩根巨大煙囪，讓人很期待參觀皇宮裡的廚房長得怎麼模樣，以便了解過去是如何開伙的。宮殿內的幾處大廳都以動物圖像做為代表，我們先在天鵝廳，欣賞天花板27隻脖子戴著金項鍊的白色天鵝，每一隻的姿態都不同，據說是若昂一世（João I）國王為了思念遠嫁的女兒，特別在天花板請工匠畫上她最喜歡的天鵝，果真是國王親愛的女鵝。

再來走進紋章廳，仰望如同皇冠般富麗堂皇的天花板，以雄鹿做為人物代表，鹿的身上有緞帶與紋章，每一隻的姿態也都不一樣，仔細一看怎麼有一個格雄鹿不見了，原來是犯行不良被家族成員被除名了。

接著是喜鵲室，天花板畫著136隻喜鵲，據說能有效抑制宮廷裡的八卦；再繼續走是皇家禮拜堂，有無數嘴裡叼著橄欖枝的鴿子，飛舞在牆壁上，天花板則是伊斯蘭風格幾何圖形。以動物訴諸各種情愫的辛特拉宮，的確是非常特別的一間宮殿。

緊接著進入廚房，才發現整間就是兩根巨型的煙囪，頂端開了四個孔，運用熱對流效應將熱氣往上排出，還好歐洲較少有重炒的料理，不然高達33公尺的煙囪怎麼清油垢啊！

走出宮殿外，望著對面山頭不時躲在雲後面的摩爾人城堡，我們先走進辛特拉最熱鬧的紀念品觀光街，熱心的警察提醒我們要小心扒手，我們隨即將背包前背，進入戰鬥模式。這裡賣的紀念品都差不多，各項軟木塞製品、印有幾處辛特拉景點的圍裙、風景明信片、15世紀辛特拉風景畫、十字軍木製武器、釉面彩繪磁磚……等，價格比起里斯本來說，普遍不貴。原本從這條觀光街就可以走上摩爾人城堡，但是越走越不對，問了在餐廳外抽菸的服務生，他們說走上去要40分鐘，我們帶孩子會很累喔！還好有問！

佩納宮與佩納公園 (Parque e Palácio Nacional da Pena)

在岩石上升起的宮殿，似乎是出自於童話故事；這是我生命中最幸福的一天。
—— 理查 · 史特勞斯 (Richard Strauss)

佩納宮最早是一座修道院，在歷經 1755 年地震，又在 1834 年的宗教整治後被遺棄，形同廢墟，直到費迪南二世透過拍賣購得後，進行大規模修復，賦予摩爾式、新哥德式和新文藝復興時期的元素，並且在周圍創造了一個融合當地和外來樹種的公園。至於那搶眼的褚紅色修道院與鵝黃色新宮殿則是 1944 年才復建。

佩納公園腹地相當大，全部走完需要一整天，從公園中間的湖區入口進入，往位居於山頂的佩納宮推進，帶小小孩一定要帶推車，小孩累了能休息，大人就能輕鬆，還能放一些物品，奇異恩典也可以自己創造。湖區有兩座迷你的塔式建築，一直不懂它的作用，直到隻鴨子從裡面出來，我才恍然大悟，原來是為鴨子所蓋的城堡！

中午一點半到達佩納宮，差點沒被排隊的人龍嚇昏，聽到其他遊客說從售票口排到入口預計要

兩小時，我又跑到前方服務人員詢問有 2 歲小孩的家庭有無優先入場，她說「這邊請」。我們又再次穿越漫長的等待人群直接進宮，但沒想到宮殿裡更是人山人海，大家亦步亦趨地參觀每個房間，佩納宮的名氣實在太響亮！

我們在造訪前，雨勢才停歇，冷風吹來，陰晴不定，海拔不到兩百公尺的辛特拉山，氣候變化急遽（辛特拉山區氣候變化大，建議外套要帶著），濃霧與陽光不斷地流動在鮮豔的紅黃兩個色相之間，製造出明度與彩度上的變化，讓原本就有點詭譎與浪漫的建築看起來更加夢幻。

　　佩納宮是十九世紀最佳的浪漫主義建築之一，運用了大量荒謬乖誕的裝飾，再覆以豐富的色彩，猶如一幕幕華格納、威爾第歌劇裡不斷變化的場景，真不知從何而來的想像力，無堡能出其右！這或許是當時城堡主人費迪南二世委託德國建築師將喜愛的歌劇應用在生活裡的想法吧。

摩爾人城堡（Castelo dos Mouros）

欣賞完辛特拉山爭奇奪豔的建築後，立足於摩爾人遺跡上，周圍環繞原始花崗岩巨石，視覺不再充滿刺激，內心感到平靜而發思古之幽情。我與 Ben 沿著哨兵步道，途經幾座塔樓，均掛上不同年代的國旗，做為一種歷史回顧。大約 15 分鐘就攻克位於最頂端的防禦塔，此處是俯瞰辛特拉的好地方，眺望不遠處色彩強烈的佩納宮，想起歐洲同樣有幾處佇立在山頭的城堡 —— 新天鵝堡、霍亨索倫城堡、聖米歇爾山，只不過佩納宮的知名度比較低些，但外觀可是很高調的。

開車緩慢行駛在山路，可以看到沿途有許多非常具有特色的建築，也許是因為「結市」的關係，業主甲方、建築師丙方，乃至乙方（那個時代不知道有沒有丁方）無不想盡辦法來創造獨一無二的建築。而「避暑勝地」果然名不虛傳，佩索亞書中提到「辛特拉有時會穿上薄薄的雲紗，在大多數的時間裡則沐浴著華麗的陽光」。從山下的民宿望著不遠山上雲霧飄渺，還沒進到辛特拉山就感覺到涼意了，從前皇宮貴族、社交名流在此消暑納涼，現今遠從一萬公里外、一介平民的我們也在開始這裡享受過往曾經有的步調。

羅卡角
Cabo da Roca

站在歐洲大陸西端最後一排、北大西洋第一排，頂著強烈的海風，Lyon被前所未有的強風吹得唉唉叫，為的就是要目睹十字架紀念碑底下的文字：「Aqui...onde a terra se acaba e o mar comeca......Camões. 這裡，陸地的盡頭，海洋的開端。」

這段由葡萄牙詩人卡莫斯寫的文字，暗示著水手們對陸地最後的記憶，這一次遠航又不知何時能再踏上家鄉，站在甲板上回看人類文明，直到陸地隨著海浪沒入地平線，往後的航行，只有日月星辰陪伴。

然而，在天涯海角之處，竟然遇到從台中到葡萄牙旅遊的友人，雖然之前就在社群動態裡知道他們夫妻即將抵達里斯本的消息，只是沒想到臨時更改的行程竟然就讓我們相遇了，真是天意！友人二十多年前就造訪過羅卡角，他們向販售紀念證書的服務人員說，應該要帶二十多年前的那張證書來蓋，服務人員則打趣說如果有帶的話會免費幫他們蓋章。我們也買了一張天涯海角證書，將一家四口的名字寫在同一張證書上，下次再帶回來蓋章，一種回娘家的概念。

卡斯卡伊斯
Cascais

卡斯卡伊斯位於里斯本西部近郊，這裡有
著高級海濱度假區。我們全家驅車前往名
為「地獄之口」（Boca do Inferno）的海
蝕洞，想一睹大自然的鬼斧神工。

　　果然，人還沒靠近，就聽到時而低沉、
時而澎湃的呼吸吐納之氣。地獄之口的
入口旁有一座教堂，門口已經鏽蝕的深綠
色十字架，是為了壓制人們對於恐懼的想
像，而設立的嗎？

　　海岸邊，巨大的礁岩平台，像一座小
山丘，沒有護欄，讓人任意探索。在葡萄
牙，冒險與危險的界線是模糊的，危不危
險，全憑自行判斷。Benjamin 看到有遊
客在山丘上，便迫不及待快步加入他們；
我沒有阻止他，只告訴他「要小心」。我
將拍照模式改為錄影模式，跟在他後面亦
步亦趨地征服這座山丘。爬上山丘才發現，
又有更高的點，想當然，再繼續上攻囉！

全年充足的陽光與溫和的氣
候，陽光超過300天，充足的
休閒娛樂，高爾夫球、遊艇、
划船、衝浪、自行車……這裡
是歐洲最棒的退休勝地之一，
但最特別的莫過於獨特的海岸
景觀以及走不完的藍旗海灘，
每一個都只能讓人「WOW」一
聲讚嘆！

Chapter 2

阿爾加維大區
Região do Algarve

西爾維斯
Silves

抵達西爾維斯前，老遠就看到盤據大半個山頭的醒目紅磚城堡。城堡的歷史可以追溯到7世紀，紅磚的防禦工事則起源於12世紀，是葡萄牙少見保存狀況良好的紅磚城堡。西爾維斯曾經是阿爾加維地區的古都，由羅馬人建立，在摩爾人時代是一個相當重要的防禦據點和貿易城鎮。城堡入口處有一座葡萄牙國王桑丘一世（Sancho I o Povoador）的銅像，他在1189年征服西爾維斯，獲得「殖民者」之名。

從城堡往下方舊城區走，可見西爾維斯大教堂（Sé de Silves），葡萄牙將它列為國家重要古蹟。它的建築形式很特別，原先是清真寺建築，後來基督徒在兩側加上寬闊的哥德式塔樓，伊斯蘭教與基督教在這裡無縫接軌。這座小鎮歷經五百多年不變，走在歷史街區內，撇開Super Bock、Sagres、Delta、Ali等幾家商店常見的醒目招牌，幾乎沒有任何現代發展的跡象。

市政府與遊客中心前，充滿綠意的北非式噴泉廣場（Praça do Municipio），對緩和炎熱特別有幫助，噴泉旁有一棟貼滿絢爛繽紛的玫瑰花紋磁磚建築，非常引人注目，是當地知名的餐廳。從

小巷子往阿拉德（Arade）河邊走去，沿途有許多咖啡館，還有一間店外牆掛著中世紀十字軍盾牌的紀念品店，Ben說想要買木劍，但是我說不好，因為會拿來跟弟弟玩打架遊戲。

　　雖是純樸的中世紀小鎮，但住家門口漆的顏色，可是十分搶眼呢！每一戶都會在離地高60公分左右的外牆，漆上自己喜歡的顏色，門框與窗框也是，顏色大多屬於低明度、低彩度，不會造成視覺太大的干擾。歷史街區道路狹小且多為單行道，車輛應停放在市場附近的大型停車場，再徒步到上方城堡區。

　　到達河堤，有位爸爸推著嬰兒車，和我一樣在河邊散步。河底泥沙清晰可見，河道看起來很淺，殊不知這條河在過去曾經是西爾維斯經濟貿易的重要命脈，河道可由此通往阿爾加維內陸地區，將農產品向外輸出。然而，持續堆積的淤泥讓船隻無法承載貨物的重量，中斷了河道運輸的功能，小鎮自此沉寂了下來。不遠前有一座15世紀時期建成的羅馬橋（Ponte Romana de Silves），五個半圓形的白色橋墩，透過河面反射後變成五個圓，是很好的取景地點。

　　城鎮大約三小時就能輕鬆逛完，離開西爾維斯跨過阿拉德河後，將車停在斜坡公路旁，這個地點的高度恰巧與西爾維斯天際線齊平，是欣賞小鎮全景的好地方，整座城市像是一群身穿白色西裝配上亮橘色帽子的紳士，靜靜坐在山頭看著古今熙來攘往。向她道別後，繼續驅車往下個目的地前進。

拉構斯
Lagos

大西洋洶湧波濤，沖刷出壯闊且樣貌多端的海岸線，葡萄牙南部阿爾加維，海岸線從東到西約200公里長，散布約30座高爾夫球場，有些頂級球場每年都會舉辦世界級的球賽，是葡萄牙重要度假勝地。身體靠近濱海城市的第一件事，就是戴上太陽眼鏡、身穿花襯衫、腳踩人字拖，才真正有開啟度假模式的感覺。

　　我們從滿布花草的廢墟莊園進入拉構斯美麗的海灘 Praia do Pinhão，看到一位老先生正在花叢間抓一種略帶透明、偏白的小型蝸牛，一頭湊進裝著滿滿的袋子看。「蝸牛很好吃喔！」老先生手比讚地說。蝸牛吃的都是天然沒有農藥的花草，味道想必可口。

15世紀時，拉構斯與非洲有大量的貿易往來，除了黃金、白銀和象牙之外，出門抓別人回來賣也是主要貿易之一。拉構斯是歐洲第一個奴隸交易市場，當然這沒什麼驕傲的，只是一處天人永隔、悲慘交加的場域。陽光燦爛的拉構斯，有著一段不堪回首的暗黑歷史。

　　晚上下榻在拉構斯的 Dona Ana Garden 濱海度假旅館，旅館中庭種滿大量植物，空氣中花香四溢，是夢寐以求的環境；中庭裡的游泳池則是給孩子的獎賞，兩個小孩顧不得水很冷，隨便做個暖身後就急著下水了。一個帶車隊到葡萄牙騎海岸線的英國人說：「阿爾加維海岸線太美了，有好多條單車路線，我們車隊將在這裡待上一個星期。」一對情侶在旅館附設的烤肉爐，打開了啤酒、升起了炭火，將肉片放在烤架上。「請問有菜單嗎？」我聞香而來。「這不是在賣的，是我們自己在烤肉，歡迎來一起分享，我們吃不了這麼多。」人情味的滋味真美妙，可不是嗎？

　　海邊城市總是脫離不了悠閒味，但我們發現這裡多了一味——大麻味，這燒焦菸草味在葡萄牙還滿常聞到的，據說葡萄牙1990年代使用毒品海洛因約占人口比例的1%，滿嚴重的，自從政府睜一隻眼閉一隻眼，讓成癮者轉而使用大麻後，毒品成癮人口下降到5萬人，並藉由社工的輔導，幫助他們逐漸戒除毒品。做為旅人，雖然好奇，但只要有可能會危害身體，絕不嘗試，這也是常識。

從阿爾加維東邊開到西邊，看過不同等級的度假別墅，也看過等不到主人回來的荒廢莊園與別墅，和里斯本城內的情況一樣，我猜會不會是因為沒有人繼承的關係，政府無法做任何動作，只好交給時間去處理，如同羅馬人、摩爾人過去所留下來的遺跡呢？

離開拉構斯往東邊的波勒蒂矛（Portimão），走到 Praia da Rocha 海灘往回望，沿岸大樓林立，這座城市的發展較為現代化。廣闊的沙灘上搭設了木棧道，串連許多酒吧；密集的休閒椅迎接來享樂的遊客；沙灘還有正在施工的木棧道平台，管線與植栽的自動澆灌系統全部預埋在平台底下。看過葡萄牙幾處工地，都是以這樣的方式施工，環境才能好看、植物才能長得好。往碼頭方向，靠近阿拉德河出海口，有一座防禦城堡 Fortaleza de Santa Catarina，為西班牙建築風格，可以跟著當時守護堡壘的一門大砲，一同瞭望碼頭景色。

抵達班納吉歐海灘（Praia de Benagil）時，發現我們錯過最後一梯遊覽海蝕洞的船班。沒關係，班納吉歐不是只能坐船欣賞而已，在世界知名沙灘玩水給遊艇觀光客看，也是非常棒的。我和Ben沿著伸入海岸的峭壁步道，一路攀爬至一處海蝕洞，此處景色出奇地好。

再繼續前往西邊僅三公里的海軍海灘（Praia de Marinha），懸崖峭壁上，只釘著一塊40×70公分的告示牌寫著「小心落石」，也沒有護欄。這是葡萄牙標準的危險告示牌。戴著太陽眼鏡躺在沙灘上看書的遊客、陪小孩玩沙的父母、互擦防曬油的情侶，個個泰若自如，這張告示牌已經得到它應有的尊重，看來人們都能為自己的危險負責。沙灘上聳立著巨大帆船造型的岩石，是由享譽盛名的雕刻家——大自然，歷經千萬年所雕琢而成，在一些紀念品店都能看到以它為背景的明信片，也常代表葡萄牙出國宣傳。

《米其林指南》點評海軍海灘是歐洲最美麗的十處海灘之一。沙灘上突出一個的礁岩洞，很像在跟我打招呼，問Ben要不要一起去冒險，得到喜孜孜的表情後，兩個人在沙灘上匍匐前進，勉強穿過窄小的洞，進入沒有其他遊客的世界，祕境誰不愛呢？

奧布菲拉
Albufeira

阿爾加維海岸線大多為懸崖峭壁、地勢高度落差大，有些城市會在峭壁上設置觀景台，而且通常都還裝設電梯，奧布菲拉就有一座。座落在懸崖上的白色舊城區，觀景台的邊緣，月牙形的沙灘完整呈現在眼前。坐電梯下到沙灘，雙腳猶如踩在砂糖上，一堆貝殼就放在沙灘上，可能是上一位遊客蒐集的，現在變成 Lyon 煮菜的玩具。

沿著凸出海岸的礁岩走，有兩位仁兄正在釣魚，我小聲地問：「有魚嗎？」「沒有⋯⋯」其中一位撐著下巴的仁兄說，無奈的表情加上手勢，我瞄了放在地上空空的冰桶，大概知道什麼意思，就不打擾了。繼續攀爬到峭壁上方，居然有一整片黃白相間的野花，眼前有花毯、遠景有月牙灣，真是美麗！Albufeira原始的阿拉伯名字 Al-Buhera 意為「海上城堡」。

奧布菲拉是個非常觀光化的度假小鎮，面向海洋一棟一棟的白色房屋，每一棟都算好了最佳的光照角度──面朝西南。我們住在離海邊稍遠的獨棟別墅型民宿 Hostel DP Albufeira，相當舒適且乾淨，共用廚房設備，雖沒有面海，不過有游泳池，同樣有最佳光照角度，就算位處偏僻，也欣然接受，因為我們一家四口住一晚只要 35 歐！

Praia da Falésia 海灘岩壁表土層為金色砂質，底層是白色，如同淋上滿滿焦糖的冰淇淋，自頂部溢流而下，蔓延到整片沙灘，看起來就很可口，難怪會是葡萄牙最受歡迎的海灘。粉藍與亮橘兩種鮮豔的沙灘椅，早就晾在那裡，等著想要為身體染色的人。旁邊一對女性伴侶，正在享受裸著上半身的樂趣，Ben似乎不以為意，我也不打算解釋什麼，畢竟我也裸著上半身。苗栗火炎山的地形也頗似此處，高度為 602 公尺，登頂後，有時也會看到山友在曬日光浴。

樓雷
Loulé

特地到樓雷，是為了參觀傳統市場（Mercado Municipal de Loulé），雖然僅有110年的歷史，擁有阿拉伯式的建築外觀，紅色洋蔥圓頂與摩爾式窗框。下午不到兩點，市場攤位幾乎都蓋上赭紅色絨布，上面印著「Mercado d Loulé, Desde 1908」。魚貨肉品區攤位與地面剛清洗好，只殘留些許鮮魚味。只剩幾家蔬菜水果攤與傳統手工藝製品。

有一攤賣琳瑯滿目的果乾，光看就猛流口水，向老奶奶選了李子乾、椰棗夾核桃、無花果乾還有成串的椰棗，放車上當零食。走到了乾貨區，是一位過去住在加拿大多年的大姐所經營的，我們挑選了兩款她所推薦的臘腸，攜帶方便，早中晚餐野餐都適合搭配。

挑高約三層樓的屋頂，頂部周圍全部裝設透氣百葉窗，以增加空氣對流，減少異味。市場內看不到任何一條凌亂的電線，環境維持非常乾淨，感覺不會看到老鼠蟑螂在打烊後，出來採購的髒亂感。

幾個老人坐在市場外，從市場所在的舊城區四處散步，走過噴泉圓環，感覺小鎮非常保守，再走到遊客中心，翻閱資料赫然發現，每年三月整個小鎮會舉辦為期三天的國際狂歡節，如同知名的義大利維亞雷焦狂歡節，露天馬戲團、巨型人偶遊行、舞蹈音樂表演，鎮上全部動員，觀光客參加則必須繳報名費。才覺得保守而已，居然就來個狂歡，小鎮魅力深不可測啊！

遊客中心也有我們預計要到附近參觀的軟木塞工廠簡介，詢問該工廠參觀時間，服務的阿姨直接拿起電話說要幫我聯繫，得到的消息是若現在過去的話，會超過參觀梯次的時間，建議我改天再過去。「可是我下次不知道什麼時候才會來，我還是去碰碰運氣，搞不好會得到同情，」我說。阿姨祝福我可以順利參觀。

抵達偌大的軟木塞工廠，我們在電動軌道門外按了對講機，表明我們剛剛打電話要來參觀，軌道門便緩緩打開。走到二樓辦公室，服務人員說導覽已經開始約十分鐘，要不要明天再來呢？ 表明是從台灣特地來參觀，「如果你不介意錯過前面十分鐘的導覽內容？」接待人員說，我說當然不介意囉！ 得到允許，付了一個大人12.5歐的導覽費用，先進入解說室。

導覽人員說種植軟木塞樹必須要等25年，才能有第一次收成，但第一次採收的軟木塞皮無法使用，要再過至少9年才能有第二次收成，不過還沒達到能用於葡萄酒和香檳瓶塞的品質，必須再過9年後的第三次收成，才能做為葡萄

酒塞軟木塞。算起來，種一棵樹到能做為酒瓶塞，必須等上43年。也難怪導覽人員說大部分軟木塞都是由家族企業生產或製造，因為它是一代一代傳承下來的。

採收軟木塞的工人工資很高，每天工資高達150歐元。儘管薪水很高，但工廠仍然很難找到想做收割軟木的年輕工人，21世紀的年輕人對於坐在電腦前的辦公室人生，比在太陽光底下奮力揮灑汗水更感興趣。

比較可惜的是高昂的門票沒有附紀念品，且紀念品區的軟木塞商品售價非常高。自從參觀軟木塞工廠後，每當酒瓶上的軟木塞被取出後，看待酒瓶塞的角度確實都不一樣了。

法羅
Faro

法羅大部分的建築都是1755年大地震後重建，當我們從外圍逐漸接近舊城區，穿越了一棟一棟種在傳統房屋之間、密集且乏善可陳的公寓和住宅大樓，對比葡萄牙各時期的建築風格之後，心裡不禁要問：難道老祖宗過去兩千年所留下的建築美學，沒有一絲一毫值得建築師畫入設計圖嗎？

　　海濱度假區的街道通常都彎彎彎曲，每當車子開進來後，速度便不知不覺放慢下來，事實上，這正是設計良好的公路所要達到的目的。彎曲的街道最直接影響的就是降低行車速度，藉以提高社區行人安全、提升居住品質、減低車輛噪音，是一種相對低成本的道路安全規劃系統。

再來就是蜿蜒的道路比棋盤式的道路還能增加居住的私密性。在美國居遊期間，曾聽房屋仲介說此種規劃方式能提高整體社區的房價。不過，說到底，都要來海邊度假了，慢慢來又何妨呢？

將衛星導航定位在舊城牆東邊外的大型停車場，還沒抵達就聽到響徹在空中的電子音樂。停車場有一區被巨型帆布圍了起來，上面印著我們在葡萄牙常會買來喝的國民品牌啤酒商標，我以為這是熱門海灘會有的休閒步調，居然在週二非假日下午就舉辦露天電音派對，原來只是為了晚上在暖身。

將車子停妥後，從法羅城牆（Muralhas de Faro）的城牆拱門進入舊城區。舊城範圍不大，我們先經過阿方索廣場（Praça do Afonso III）、考古博物館（Museu Arqueologico），再到法羅主座教堂（Sé Catedral de Faro），不過教堂外的欄杆鐵門已上鎖，看了手機顯示時間為下午17:36。沒關係，還有好多景點可以看，對面就是外型典雅的法羅市政廳（Câmara Municipal de Faro）。廣場上種植一排橘子樹，豐腴飽滿的橘子用鮮豔的黃來色誘我，我忍不住伸手摘下一顆，「哇（表情扭曲）！有夠酸（鼻頭冒汗），怎麼跟檸檬一樣（口水直流）？」舌頭的味蕾向我嚴重抗議我騙它 —— 不是說好葡萄牙橘子都是香甜的嗎？我本能地看著周圍的路人們，還好沒有人注意我的糗樣。然而，我還是覺得有幸嚐一口世上少有的酸度也不錯，至少只是一口而已。

除了法羅主座教堂外，如果要「特別」的景點，聽說在舊城北方，走出鎮拱門（Arco da Vila）約十分鐘，在卡勒莫教堂（Igreja do Carmo）後方的花園裡，

有一座小型的人骨教堂（Capela dos Ossos）可以參觀。但我們還是喜歡走向大自然。順著西邊的城牆，一家人坐在低矮的紅磚圍牆上稍事休息，牆外蜿蜒的鐵軌和廣大的濕地，被炙熱的太陽曬得熱氣流噴發，通通鼓動了起來，連花草都一副燥熱難安的樣子。前方的渡輪碼頭，可以坐小艇參觀潟湖自然保護區與曬鹽場；再往前就是遊艇碼頭，絕大部分的遊艇都蓋上了白色帆布，避免陽光直射。

　　一架漆有綠紅葡萄牙航空標誌（TAP）的白色飛機，低空掠過頭頂，是從西邊一公里外的法羅機場升空，只要45分鐘就可以飛到里斯本，75分飛到波勒多，是葡萄牙南部重要的交通樞紐，也是直接促進法羅成為南部第一大城與觀光快速發展的主因。

塔維拉
Tavira

晚上七點抵達塔維拉，將車停好之後，就一直聽到南美洲熱情的森巴音樂，原來在旅館前面樓上有舞蹈教學，那時心裡就想：很想上去拍照，飯店 check in 完之後，我向至少會說四種語言的櫃台人員表達很想去拍他們跳舞的渴望。

「Wish you luck!」熱心的櫃台人員給了我一個活力十足的微笑。我走出旅館外，在二樓看到舞蹈教學招牌倒下，走過去順手將招牌立起來，站在二樓陽台的他們說：「謝謝，要不要上來？」我本來說不要，但最後還是進去了，「要不要一起跳？」老師再問。我說麥啦！在古典的房間裡大約有 7 對學員在學舞，和當中兩位學員聊天，得知這位舞蹈老師頗具知名度，耳裡聽著讓人充滿熱情的音樂，看著他們笑得燦爛滿足的表情，在一旁的我忍不住也跳了起來，只是我的舞伴是一台相機，我開啟錄影模式，錄下有如《來跳舞吧》(*Shall We dance*) 情節的美好夜晚。

離開舞蹈教室，獨自一人夜遊塔維拉，無論走到哪裡，城市空氣中總是帶有淡淡木質香味，讓原本就屬於高雅氣質的塔維拉更有氣質。回到旅館，詢問櫃台人員關於氣味的問題。「應該是跟種了很多橘子樹有關，只要有下過雨會特別明顯，有時候聞起來還會甜甜的，」櫃台人員說。在塔維拉住的旅館有我從小到大的記憶，紅色窗戶木框崁入壓花玻璃，連紅色地磚都和老家相似度高達 95%！當初就是因為在訂房網站看到窗戶花紋才選擇的。旅館位於舊城區中心，服務與環境都棒！

感受了塔維拉夜晚高雅的氣息，就覺得這個城市氣質不凡，白天的感受確實不同！不同於阿爾加維濱海城市那樣色彩繽紛，牆面為傳統白色，屋瓦顏色有 2/3 為橘黃色、1/3 磚紅色與咖啡色。走出服務與環境極佳的旅館，有一間在葡萄牙常看到，外面擺了一隻身上彩繪葡國國旗的牛，那是足球商品專賣店，為 Ben 和 Lyon 各買了一套球衣，以表達對葡萄牙國家隊的支持。我跟店員說前幾天的半夜聽到有許多人在半路搖旗吶喊、很瘋狂，店員說他們好幾年沒有打進世界賽了！

站在羅馬時期的拱橋，Ben 說：爸爸你看，水好乾淨、有好多魚！此時突然聽到叮叮聲，一列小火車行駛過來，向坐在小火車第二排的英國老夫妻詢問乘坐需要多少錢，「大人 4 歐」，覺得不貴，於是就跳上車，實際上收費為 2 大 2 小共 11 歐。小火車帶我們繞了整個城區，走到濱海濕地、鹽田；走舊城區，幾乎涵蓋主要景點，行程大約一小時，太划算了！

小火車在聖瑪利亞教堂（Igreja de Santa Maria do Castelo）前的廣場停留十分鐘，讓遊客下來逛城區的主要景點 —— 塔維拉城堡。到城堡一定要走上城牆，過去護城保民的作用，現在是遊客狩獵風景的瞭望台。城堡內種植了大量不同品種的玫瑰花，九重葛佈滿城牆，我們在逛完後決定不坐火車，改用散步的，因為車子正好停在附近的停車場。

我們就在這裡遇到熟悉的東方臉孔，一對夫妻帶著一個小女孩，Claire 說那位太太很像台灣人，我們問她你是台灣人嗎？她說對！繼續追問才知道我們都是彰化人，真是有緣。她的先生是愛爾蘭人，因為長期住在天候寒冷的地方，

所以就到物價便宜的葡萄牙度假，提前享受溫暖陽光。在葡萄牙南部還真的聽到不少充滿濃濃英國口音的度假人士。我們彼此互留mail，希望未來在台灣能再聚聚。

　　往東邊開車半小時可以抵達馬林城堡（Castelo de Castro Marim），毗鄰瓜迪亞納河（Guadiana）出海口，對岸就是西班牙。行經小鎮街道上，有清潔隊員正使用手持割草機割除牆角的雜草，後方另一位清潔隊員則用掃把將割下來的雜草集中入袋。讀過美國作家瑞秋‧卡森在1962年出版的《寂靜的春天》，

才知道農藥的使用對環境破壞非常嚴重，尤其台灣農地每公頃農藥用量高達17公斤，是全球第一（2018年統計）。長在不對的地方就稱為雜草，甚至在農藥的發明後，更直接將雜草視為敵人。若從生物的演化來看，每一個物種都經由數萬年的演化才成為自然環境的一部分，但使用農藥卻讓這些物種不到一百年就絕種，毒害大自然等於是毒害人類自己。

　　推著嬰兒車往城堡的鵝卵石斜坡上，顛簸折騰一番後，進入城堡裡的紀念品店，付了一個大人1.1歐的門票，充滿笑容的售票人員給兩個小孩紙做的國王帽子，我們一家人暫時當城堡的主人（我們一家是唯一的遊客）。旁邊的教堂不再神聖，而是展示各種刑具，以圖表告訴大家這些刑具如何應用在人身上，變成虐待博物館，光看表情痛苦的假人就覺得可怕。城堡內

早已不見城堡的模樣，到處斷垣殘壁，保留過去圈養牲畜以及農作的範圍。

爬到城牆頂端，瞭望四周占地遼闊的海鹽沼澤地 Baesuris 與 Marshland 自然保護區，製鹽的歷史可追溯至兩千年前，這裡也有生產可以吃的寶石 —— 鹽之花（fleur de sel），可惜在街上都沒看見商店在賣。

舉手可得的橘子

葡萄牙到處都是橘子樹，許多城市都以橘子樹做為行道樹，一般家庭如果有庭院，也都會種橘子樹，且不大高，應該是刻意修剪讓它維持一定的高度，方便人們一舉手就可以摘得到。一般來說，果肉纖維極為細緻，清新甜美的滋味中併含微酸，我一次可以吃 2 ～ 3 顆。不過也要注意的是有的行道樹的橘子品種非常酸。

在橘子開花的季節，花香隨風飄到城市的每個角落，而蜜蜂絕對是第一個聞到氣味而來的訪客，並將花粉帶回蜂巢，在此同時，完成一次授粉，這麼說來蜂蜜也是來葡萄牙不能錯過的美味。對我們而言，橘子香成為我們對葡萄牙一種氣味的識別。

我們在環葡期間沒看過任何人在路邊摘橘子，我們自己倒是摘了兩三次，不摘就像那些成熟掉在地上、破掉的橘子一樣可惜。直到我問了居民，得到回覆說是可以摘的。有時候會因為開車不小心輾過掉在路邊，看起來完整的橘子而感到自責，浪費啊！至今仍然對於在葡萄牙可以隨時在路邊摘橘子，補充維他命 C，感到新鮮。

葡萄牙主要橘子產區在南部的阿爾加維，占葡萄牙所有柑橘收穫量的 70%，雖然橘子採收季節從 11 月開始持續到 3 月，但我們整個 5 月還是到處看得到橘

子開花與結果。

關於橘子的故事很多，而波斯語中的「Porteghal」一詞意味著橘子（水果），據說第一顆橘子跟著亞歷山大大帝遠征到地中海東部。阿拉伯人種植了苦橙做為觀賞植物並擴張伊斯蘭教，也擴張到了葡萄牙。橙樹也是摩爾人花園設計的三個基本要素之一。還有一種說法是甜橙發現於15世紀，當時達伽瑪在訪問非洲東海岸的蒙巴薩（Mombasa）時，獲得了大量的甜橙，人們認為是他把橘子帶回了葡萄牙，葡萄牙人聲稱他們是歐洲第一批種植甜橙的人。另一種說法是葡萄牙人從印度和中國帶來甜橙樹，成為當時歐洲最時尚的水果。而喜歡吃橘子的水手則不會得壞血病，這是有道理的。

在17世紀的巴黎，街頭攤販會賣一種新奇的水果：來自葡萄牙的甜橙。因為歐洲的橘子很苦，只適合做橘子醬，但來自葡萄牙的橘子滋味甜美。當時來自葡萄牙的橘子十分昂貴，以至於法國劇作家莫里哀（Molière）在他的戲劇《吝嗇鬼》（*The Miser*）中，使用橘子來表示奢侈。消息傳到法王路易十四（Louis XIV）耳裡，他認為甜橙看起來像太陽，所以將它們當作自己的個人象徵。

造訪葡萄牙，除了每天來一杯Galão配蛋塔之外，也務必每天吃橘子補充維他命C，超市有現榨柳橙販賣機，路邊攤販、咖啡館，都能買到現榨的柳橙汁，想像一下在17世紀時，這可是只有國王和貴族才能買得起的奢華飲品，喝起來味道不甜嗎？

塔古斯河以南，白色的房屋，色彩鮮豔的滾邊；金黃、火紅、紫羅蘭色的野花地毯，恣意綿延在時而起伏的無盡廣大平原，古老而巨大的石頭散落在其中，沒有季節更替，嚐盡歲月風霜，冷眼看有機體，為土地的永恆做了最好的見證。

Chapter 3

阿連特茹大區
Região do Alentejo

貝加
Beja

從阿爾加維行駛 IC27（也稱 N122）公路往北方的貝加移動，這段距離約 110 多公里，開車要一個半小時，我在中間點安排了位於瓜迪亞納山谷自然公園內的梅勒托拉（Mértola）小鎮，做為休憩地點，並刻意在抵達前一公里處，往右邊一條小山路開。我記得在地圖上查到欣賞梅勒托拉最棒的地點就在這條路上。

　車子在碎石路上搖晃，太太的信心也跟著搖晃。約莫五分鐘後，看到了一棟無人居住的房屋，屋外黃紫相間的花草叢裡，有一台快被鏽蝕吃掉的綠色手推車，幾乎就要回歸大自然了。向它說聲「打擾了，我們來欣賞這邊美麗的風景」後，舉起相機拍攝在蜿蜒河道上的梅勒托拉，帶回這片遺世般的美好。小鎮歷史可以追溯到腓尼基時代，位處瓜迪亞納河和奧埃拉斯河（Oeiras）交會處，當時它是內陸重要的河港，後來被羅馬人和摩爾人占領。但是隨著河沙淤積、河道變淺，碼頭也失去了作用，目前遺跡仍然保留著。

　　驅車平穩地經過阿連特究大區一百多公里的綠色麥田海和橄欖樹平原之後，就不難理解，為什麼葡萄牙可以供應全球軟木塞50%產量。終於到了貝加，葡萄牙人稱為熱鍋上的城市（還好我們是5月來的涼爽季節），是要嚇唬夏天來的旅人嗎？

　　我們在訂房網站找房的首要條件是乾淨的評比，接著是整體評價，再來是價格。經過一陣嚴選後，勝出的是三星級的Hotel Bejense，擁有8.7分的評價與三人房60歐，而且還包含三個人的早餐，性價比極高，地點在貝加最熱鬧的一條街道上，是行人徒步區。我們將車停在距離旅館300公尺外的路邊停車格，收費時間為早上9點到下午6點。在歐洲停車必須主動找最近的繳費機，依照所需的停車時間投入硬幣（每個城市收費不盡相同），再將列印出來的收據放在車窗前面，讓查票員看到，我們不是當地人就不要碰運氣了。雖然需搬運行李約300公尺才能到達旅館，卻不減我們想要入住阿拉伯式住宅的興致。

Hotel Bejense開業於1889年，門口有四棵長到兩樓高的九重葛，我喜歡這樣迎接客人的方式。室內布置帶有殖民風格，也充滿旅館主人家族的回憶，如家一般的溫暖。「旅館主人也住在這裡，二樓的一側是他們的私人空間，而酒吧是他們會窩在一起的地方，他們很歡迎旅客們一起小酌。」服務人員很親切地帶我們參觀整棟旅館。本來預計將當天的照片與隔日的行程整理完後，要去酒吧攪和，但忙完去到酒吧時，早已人去樓空了。

共和廣場（Praça da República）旁有一棟文藝復興風格的慈悲教堂（Igreja da Misericórdia），原本在十六世紀是要蓋來做為屠宰場使用，建築造型受到佛羅倫斯涼廊的啟發。當建築物完工的時候，下令建造的貝加路易公爵（D. Luis）覺得蓋得太漂亮了，如此高貴的場所，不能留給屠夫，就捐給慈悲兄弟會改為教堂使用。

教堂前方的共和廣場，南側一整排建築物後方的空地（高架水塔的位置），有考古學家於1939年發現遺跡，經過科英布拉大學（Universidade de Coimbra）考古團隊多年的研究，證實是目前所知伊比利半島最大的羅馬神殿，建於西元前一世紀。其實說貝加建立在羅馬帝國的根基上，一點也不為過，說到底，葡萄牙這塊土地是永遠離不開凱爾特人、迦太基人、羅馬人、摩爾人，累積了近三千年的歷史寶藏，怎麼挖都挖不完，靠祖先留下來的遺蹟發展觀光，何嘗又不是一門顯學呢？

只不過令我好奇的是，到底基於何種原因，後人必須要把先人的建築遺跡掩埋起來，再蓋上自己的房子呢？目前考古研究還在進行，並未開放參觀，不過在相距不到100公尺的博物館（Núcleo Museológico da Rua do Sembrano），玻璃地板下，就有保護著被挖掘出來的古羅馬街道，門票只需2歐就可參觀。

　　往北走一點，在貝加城堡前的街角，有一棟外觀平實的白色民房，外面有一座資訊告示牌，由於太遠了，我走近想要看看是什麼，不過旁邊有一扇門更吸引我。「Bom dia！」一位女士跟我打招呼，「你好，可以參觀嗎？」女士說可以啊！接著講了很快的葡文向我介紹教堂的典故，但我聽得很吃力，馬上向女士坦誠：「我只會說一點葡文。」「還是我們講英文呢？還是法文？」「Oui! Très bien! 太好了，我會講一些法文。」接著她繼續以飛快的速度說法文。我投降，還是說英文吧。女士接著用流利的英文，充滿笑容地和我分享之前住在比利時，現在回到家鄉服務，維護這間歷史悠久的教堂。小小的教堂裡，洋溢著金色光芒的雕花裝飾，女士的熱情更勝祭壇上的慈母與頭戴光圈的耶穌。

　　走進貝加城堡內，鮮豔的黃色建築目前是遊客中心，先索取免費的導覽簡介再說，兄弟兩人已經急著爬到最高點，Claire 也不得不跟在他們後面。沒多久，我聽到已經在頂端的 Benjamin 在叫我，他知道當高度越高，我的腳步就

放得越慢（你要一個怕高的人走多快呢？）。爬上葡萄牙境內最高的哥德式防禦塔，40公尺的高度果然擁有傲人的360度視野，景色非常怡人。由灰色大理石堆砌而成的塔尖，如同一個個穿著盔甲的士兵，直挺挺地駐守在高塔上，但我看仍然抵抗不了地面常春藤那無關緊要的柔性入侵。

貝加修道院（Convent of Beja）是自1791年以來就一直以某種形式存在的博物館，開放參觀至今已兩百多年，是葡萄牙最古老的博物館。但每一道看起來像是參觀的入口都鎖起來了，我問路邊一位帶著太陽眼鏡的先生，得到的答案是今天是某個宗教的節日。看到員警還有幾位穿西裝與套裝的公務員都在街道上，感覺又像是中午休息時間。我再次試開教堂最大的門，還是不行，和一旁的英國遊客面面相覷。

看不到內部沒關係，我從外面找一扇能窺見愛情故事的鐵窗。聽說這座修道院裡，流傳著由五封情書所構成的愛情故事。17世紀時，有位修女Mariana Alcoforado透過鐵窗，看見一位年輕的法國軍官拉住馬、停下腳步的英姿，馬上墜入愛河。修女寫信向軍官表達愛慕之情，從一開始充滿激情、抱持希望，轉變為懇求到最後絕望。爾後形容充滿激情的情書就都統稱為「Portugaise」。這份修女的禁忌之愛，啟發了法國小說家，根據這五封情書寫了一篇小說《葡萄牙修女的情書》，至於小說家是誰，比愛情故事本身還要懸疑。

法國哲學家盧梭曾對此發表：「女性作品找不到溫暖靈魂的那把火苗⋯⋯《葡萄牙情書》鐵定是男人所寫。」一直到一百五十年後，一位與書中女主角同一修會的修士出面證實，確實有這位修女。然而，我繞了修道院兩圈，那扇知名的窗戶卻在二樓，兩位主角是如何隔這麼遠的距離傳情的？（我太認真了嗎？）

還是看實際的好了，穿越北方濃蔭的停車場，外觀獨特的聖瑪利亞教堂（Igreja de Santa Maria）最早是摩爾人的清真寺，隨著基督徒在十二世紀征服葡萄牙，才在原本的結構融入教堂元素設計，這種風格稱為Gothic-Mudéjar。

因為這段歷史的關係，在葡萄牙還有其他同屬於這類的「共生建築」，比如塔維拉聖母教堂、西爾維斯大教堂……等。外觀四根圓柱組成三座拱門，側邊的鐘塔在十九世紀才加上去。從小鎮往IP2公路前，也有一座外觀相似，規模小上好幾號的教堂Ermida de Santo André Shrine，同為在十二世紀為了慶祝摩爾人離開葡萄牙而蓋的。

貝加的商店、招牌、文宣常常出現「Pax Julia」，探究之後，原因在於公元前48年，這裡是阿連特究平原中心重要的戰略位置，也是古羅馬人的地區首都之一，凱薩大帝重新命名為 Pax Julia，以紀念羅馬和當時盧西塔尼亞人之間簽署的和平協議。不過命名一直更改，從最初的 Pax Julia，然後 Pax Augusta，又變成 Pax>Paca>Baca，摩爾人占領的四百年期間改為 Baju，直到近代的命名 Beja，兩千年來總共改了六次名。

貝加市政府網站寫道：「生活品質值多少錢？ 時間又值多少錢呢？ 在貝加，我們知道經過一天的工作後，我們可以在花園中或圖書館找到時間，和孩子們微笑著一起生活……。感受充滿想法的未來的動態。生活，我們比什麼都知道。」我同意他們這麼有自信地介紹自己，我們的孩子在這裡也很快樂。

以居住的角度來說，我喜歡葡萄牙的都市規劃明確地將住宅區與工業區分開，居住有居住的品質，工業有工業的尺度，不會混雜在一起造成彼此的干擾與衝突，才能有平衡的生活，這是值得學習的。

孟薩拉茲
Monsaraz

開在M514山腰公路上，我一邊往右邊車窗外看，浩瀚綿延的綠色平原、排列有序的葡萄園，湖光交織在其間，得趕緊找個地方下車欣賞比較安全。將車停在孟薩拉茲半山腰的觀景平台，這裡具有相當優越的位置，不但如此，還設置了多張扶手椅，以欣賞風景最佳的角度擺放（已用水泥固定）。眼前的美景，並非渾然天成，而是下游一座於2002年建造完成的水壩（Alqueva Dam），所形成的歐洲最大人工湖泊。我看到了水壩帶來的無汙染能源、增加農業灌溉需求、發展觀光資源，但也同時看到淹沒在湖水底下的文明遺跡，以及世代居住在此但被迫遷移的居民。

　　觀景平台有一座鐵鏽鋼板的雕塑，是紀念2014年被聯合國教科文組織將阿連特究獨有的農村人聲（Cante Alentejano）視為人類非物質文化遺產。雕刻造型按照傳統，呈現三排男人，雙手交叉放在胸前或者抓握著背心，嘴都呈現O型。不過，卻喚起我在腦海裡播放已故台灣阿美族部落長老郭英男的〈老人飲酒歌〉。站在山顛頂峰，透過低昂深層的呼喊，穿透無邊無際的樹林，在山谷裡迴盪。空靈的傳唱方式，好像在呼喚存在大地之間的祖靈。

　　郭長老的聲音被德國「謎—音樂團體」的一首〈返璞歸真〉所引用，並且當成1996年亞特蘭大奧運會的開幕曲，相信聽過的人，無不被穿越雲霄、上達天聽

的聲音所感動。然而該公司未經郭先生以及馬蘭部落合唱團授權，引發後來的國際訴訟。雖然訴訟不是一件好事，但也讓台灣注意到原住民音樂的獨特性與重要性。

　　進入被城牆包圍的村莊內，原本是負責守護西班牙的要塞，隨著軍事地位逐漸被鄰近更大的城鎮雷根古什迪孟薩拉茲（Reguengos de Monsaraz）取代，小村莊不需要再保家衛國，士兵揚起的灰塵得已落下，恢復純樸生活。狹長的村莊，從頭到尾只有兩條平行的主要街道，商店不多，視覺不受觀光所延伸的垃圾產物干擾。我們平時不會去刻意去追求排隊名店或追星用餐，Claire 有精湛的廚藝、好學精神以及絕對味蕾，當你有星級廚師，在家就能享用星級料理，又何必捨近求遠呢？

　　不過人口不過800人的村莊竟有一間米其林指南推薦餐廳，中餐特別安排在此。我告訴孩子等一下要吃大餐了！帶著飢腸轆轆的胃來到餐廳門口，玻璃門上的掛著牌子讓我感覺不妙。推開門，一位阿姨揮手說「fmkoi8@T*%^u9f」，聽得出來已經休息了，因為我們下午三點才抵達。餐廳一整面落地窗，面對的即是在前兩段文字裡所形容的景色。幾乎客滿的餐廳裡，看到客人笑著吃著瞇起眼的滿意表情，讓我心裡又癢又難受。Ben 好失望，我們回到車上，後座有戰備糧食：香蕉、橘子、臘腸、餐包，先充飢吧！

　　村莊街道的白色房屋外牆，展示當地美麗的大幅風景作品，並且以數位創作方式，將中世紀的小鎮轉化為富有神祕與科幻感的氣氛。鋼板烤漆材質的畫框掛架以孟薩拉茲的地平線為造型，再以不鏽鋼平頭螺絲和墊片，將高品質攝影作品牢牢固定於裱褙上，小村莊的攝影展如此用心與細膩，一點也不馬虎。

　　我們走到北側靠近城門的一家紀念品店，展示架上有葡萄牙常見的公雞造型的各種紀念品，磁鐵、毛巾、桌巾、鈴鐺、磁磚……等。葡萄牙與法國同樣以公雞做為象徵，只是故事起源不一樣。葡萄牙公雞的故事有多種版本，我選擇相信最誇張的。

　　在葡萄牙北方的巴賽羅斯小鎮（Barcelos）有一件謀殺案，有一位來自加里西亞的朝聖者被懷疑是兇手，他說自己只是經過，要往聖地牙哥德孔波斯特拉還願，但無論他如何為自己抗辯都沒用，居民還是不相信，要將他吊死。朝聖者向居民們提出最後的願望，表示要見法官。居民將他帶到法官面前，法官正在宴請朋友，答應要見他，這位被判有罪的人哭著說：「我的清白就像桌上這隻烤雞會叫。」此時桌上的烤雞真的神奇地站起來啼叫了一聲。法官此時不得不信，朝聖者也撿回一命。

　　幾年後，朝聖者帶著一隻雕刻的公雞像，從聖地牙哥德孔波斯特拉回到巴賽羅斯，獻給聖母瑪莉亞和聖雅各。此後，這樁世紀奇案被廣為流傳（渲染），公

雞成為葡萄牙家喻戶曉的幸運物，也是旅客們的伴手禮物。我們選了一隻白色彩繪的搖鈴公雞，「鈴鈴鈴」這清脆的聲音就拿回家當作用餐鈴。

　　一位村民雙手捧著古老牆壁上所流出的山泉水，啜飲了數口，再捧了一次山泉水往臉上潑。這解決身體口渴和炎熱問題的原始動作，應當數百年來未曾改變。如果場景是從飲水機流出來的水，就不會引人發思古之幽情了。對於有形的，我是指具體的人造物，比較容易吸引旅人的注意；「自然」由於太過自然，很容易被是為無形的存在。在這座村莊裡，比起教堂、羞辱柱、南邊的巫師塔樓、橢圓形鬥牛場，質樸的寂靜之美是我更強烈的感受。猶如日本侘寂 Wabi Sabi 的意境，追求感性上的精神和諧、空寂孤寥，將身體與精神置放於不完美的環境，藉以接受世間的不完美，包括自己。葡萄牙文則有 Saudade 一詞來形容生活的不完美。

　　孟薩拉茲已經是葡萄牙七大村莊奇蹟之一，若再被選為世界遺產，我也不意外。

埃武拉
Évora

下午七點多抵達埃武拉，金黃的夕陽將朝南的建築物與廣場照映得熠熠生輝，
民宿就在2樓，屋主已經在窗台探頭等候了。此處是老祖母的家，也是他童年
成長的地方。屋子裡的牆上掛有多幅大型風景攝影作品，一問之下才發現原來
屋主過去是職業攝影師，因為無力跟上數位化的演進，再加上祖母家已經閒置
多年，所以決定回到家鄉，以經營民宿的方式，延續他與房子的記憶。

　浴室中間有一座單體浴缸，冷熱水管皆以銅管連接，牆上有一張70×70公
分的無框照片，陽光在特定的角度照射在城牆上的射箭孔，光與影在此時呈現
完美的平衡，特別吸引我的目光。「這可是我在現場等候多時才有的畫面。」屋
主分享當時拍下這張照片的喜悅。

　將孩子安頓好之後，出門夜巡這座古城。夜晚昏黃的路燈特別能將歷史給提
味出來。商店櫥窗裡的陳列擺設這時不再需要取悅來往的人們，走過的三家書

店，都將櫥窗的燈開著，試圖要吸引夜歸的人如我，在幽暗的小巷裡找到一絲光明的希望。站在古羅馬黛安娜神殿（Templo Romano de Évora）遺跡前，夜間燈光照明讓它在星空下的存在，意義更深遠，此刻黑色夜幕上不停閃爍的微光，在千萬年甚至幾億年前就已存在，縱使具有兩千年歷史遺跡的古城，人類也不過是一眨眼間的存在。

踩踏在深夜幽靜的鵝卵石步道，遊走於不同時空之間，耳朵隱約接收到電子音樂，循著聲音來到了一家酒吧，庭院裡迷幻的紫色燈光投射在年齡不可考的建築立面上，入口鑄鐵雕花大門貼著一張海報「Évora Jazz Fest」，這倒提醒了我，自己仍處於現代社會。夜晚用來思幽谷之情懷，特別適合。

翌日早晨，從民宿走約三分鐘，我們一家坐在黛安娜神殿（又稱埃武拉神殿）旁的花園吃早餐。做為小餐廳拉開鐵門的第一組客人，老闆熱情地與我們聊天，神殿據說當初是獻給黛安娜女神，曾經被用來做為歌劇院、軍械庫、屠宰場，甚至被用石塊整個封住做為城牆使用，直到19世紀才從幾近廢墟的狀態中拯救出來。這14根圍繞著茛苕葉裝飾的科林斯柱，仍繼續為這座城市寫歷史。

雖然當地人認為古蹟早已遭受大肆破壞，甚至有專門的網站記錄逐漸消失的

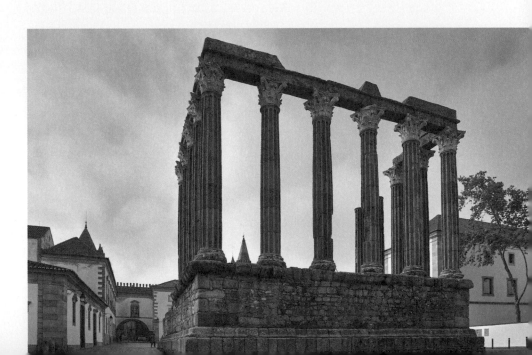

歷史。但聯合國教科文組織還是因為埃武拉現存保有完整的遺跡，將整個歷史中心在1986年列為世界遺產，就好像有了一道護身符一樣，而這道護身符不只可以保護現有文物，還可以向聯合國教科文組織申請經濟援助與貸款。

走到埃武拉大學（Universidade de Évora）之前，有一座19世紀末的青銅色飲水機，仍屹立在繁忙的十字路口中央，它的存在沒被視為是過時、多餘的產物，反倒是一種歷史見證、飲水思源。還是我想太多，只是剛好用來做為圓環呢？順著路通過小花園就能看到粉紅大理石柱立面的校園入口，向小小的接待處買了成人一人3歐的參觀費用。小而美的校園，從16世紀成立至今約莫五百年，若非用了上等的建材，如何歷經歲月風霜呢？這些建材就來自附近埃斯特雷莫茲（Estremoz）盛產的大理石，其中以粉紅色大理石最著名，黛安娜神殿、主教堂也都是採用該地區的大理石。

學校建築為兩層樓迴廊設計，天花板均以木結構覆蓋，牆面貼上了連續植物花紋與故事磁磚，聽說教室外的磁磚花樣就代表不同科系。由於沒有導覽地圖，我們就在校園內隨意走，必須保持安靜，畢竟有的教室正在上課。不小心

走到了二樓的圖書館，「請問這邊開放參觀嗎？」我詢問剛從裡面走出來的人，獲得允許後，輕輕推開平實不起眼的木門，令人驚訝的是，小小的空間裡，天花板畫滿了許多可愛的小天使，飛翔在雲彩之間，圍繞在中央一位拿著權杖、頭戴皇冠、坐在階梯寶座上的女王。坐在這裡閱讀，想必一下就能思若湧泉吧？！

以優秀的建築物做為載體，傳遞千百年來的智慧、傳承千百年來的傳統，這不正是教育的意義嗎？尤其在煩惱功課難題時，還能浸淫在古典建築空間美學裡，那是多麼幸福啊！

吉勞多噴泉廣場（Chafariz da Praça do Giraldo）是城市中心，大型噴泉屬於文藝復興時期，但頭大身小的比例，屬於可愛型的，上面有八個獅頭出水口，目前還有水流，但建議不要舀水來清涼，因為這裡已經是鴿子的洗澡水了。比較特別的是在噴泉上方有一只青銅皇冠，那是阿維斯王朝的葡萄牙國王為優異的泉質與對城市的貢獻所加冕的，是葡萄牙唯一有受加冕的噴泉。

至於噴泉的體積有多大呢？當時有西班牙遊客手牽著手圍繞著噴泉拍照留念，我數了數一共有十人，約莫可知大小。噴泉水源透過水道橋從附近的山上

引入，走在城內還可以發現，居民不知從什麼時候開始，巧妙地運用水道橋下的拱形空間蓋房子。廣場朝西南方的建築都有拱廊，用來阻擋阿連特究大區的名產 —— 炎熱陽光。廣場上的新古典主義懸臂式雙盞吊燈，頂端立有鏤空徽章，為坐在底下喝咖啡、聊是非的人們增加浪漫氣氛。

　　往南走三分鐘，有試膽量的地方。「我們的骨頭在這裡，我們也在等你的。」人骨教堂（Capela dos Ossos）入口處上方寫了這樣一段話，若有膽量的話，就走進去吧！記得從聖法蘭西斯科教堂（Igreja de São Francisco）正面右邊的木門才是入口。其實教堂內部有多處開窗，光線充足，不會感覺陰森，只是對於一向將死亡視為禁忌的亞洲人來說，看到密密麻麻、眼窩空洞彷彿深不見底的骷顱頭，還是會覺得不習慣。

　　歐洲以人骨為裝飾材料的教堂有數間，當時黑死病與戰爭造成大量死亡，有神學士將屍骨堆疊安置在教堂內，但由於數量實在太多，便將之裝飾在教堂內，成為教堂的一分子。人終將難逃一死，死亡在西方並非禁忌之事，走進神聖的教堂內，人與神、生存與死亡之間，近乎零距離。

　　走出教堂後，南邊公園裡，是曼努埃爾國王一世開始建構獨特的裝飾風格的皇宮（Paço Real de Évora），將傳統的阿連特究建築融入摩爾式與自然主義元素，影響往後葡萄牙建築發展甚巨。令我覺得新奇的是，埃武拉城裡的常看到銷售兒童書店與用品店，這表示市場有需求，也就是代表生育率高囉？！

　　離開埃武拉開往東北方的埃斯特雷莫茲約30公里，會經過Castelo de Évora Monte 城堡，這座城堡本身為正方形，四周由四個半圓形的防禦塔所組成，此造型並不多見，吸引正在認真開車的我。

埃斯特雷莫茲

Estremoz

柔和起伏的線條、不斷變化的景觀，在山谷與山丘間轉換，沿途無盡的葡萄園與橄欖園，放牧的牛羊悠遊在其中。我們抵達埃斯特雷莫茲的舊城門，先等待紅綠燈號，再進入只有一部車的寬度能通過的城門，過去為防止敵人入侵，城門都不會做太大。

如果預計要造訪世界遺產，並且對其來歷充滿好奇，聯合國教科文組織官方網站上有非常詳實的資訊，提供旅人解答。此地生產黏土製作的埃斯特雷莫茲娃娃，被列為人類非物質文化遺產，這是一項超過三個世紀的傳統工藝。進入城門，將車停妥後，街道上一家名為姐妹花的手工藝品店（Irmãs Flores），裡頭就有賣泥娃娃，我向阿姨問好後，才走進店裡參觀一下而已，阿姨的神情就顯得有些不知所云的慌張，我問：「Como（怎麼了）？」她指著牆上的時鐘，意

思應該是現在中午一點，休息時間到了，我們沒留意到店裡頭的燈都已經關了，還在參觀，真不好意思。

　　葡萄牙小城市的店家有午休時間，通常為12點～14點，必須留意。說過對不起後，走出店家，看著手機上的地圖，往北走到廣大的羅西歐龐巴爾伯爵廣場（Rossio Marquês de Pombal），平日開放為大型停車場，週六是農產品與古董市集，看來今天只適合將車停在這裡了。許多城市已經將這樣類型的地面停車場開挖為地下停車場。這裡的土地與人口的生活尺度，顯然還不到需要往地下發展。廣場南邊的修道院（Convento das Maltesas），是美術館也是市立圖書館，西邊整排建築物中，有一棟外觀特別的咖啡館（Águias D' Ouro），立面的六扇窗戶與鑄鐵雕花欄杆形式都不同，風格獨特。

　　稍往北走一點，小廣場的階梯形基座上，樹立了一尊穿著中世紀華服的銅像，前方的地面是大理石鋪成的五線譜圖，就像站立在舞台上的表演者。查詢後，得知是葡萄牙知名的男高音Tomàs Alcaide。城市裡能有留一個位置，讓人們記得這裡曾經誕生一位偉大的表演藝術家，本身就很偉大。

一旁的方形噴水池，有一尊手持鐮刀、毫無表情的雕像，上方刻著「時間過得真快」，佇立在名為鐮刀湖（Lago do Gadanha）的中央，是否意味著收割只是早晚的事呢？又或者是提醒我們把握當下、珍惜時間呢？莫非這位就是羅馬神話裡的Orcus？此時，後方同樣拿著鐮刀，正在割草的清潔阿姨，也同樣必須完成她的使命。

　　在葡萄牙的城市中，常見一種平均高度四公尺以上、具有造型、頂端有利於懸掛功能的柱子，且通常會設置在市政廳前或者較為醒目的位置，我原以為是紀念碑，經過探究之後才了解，它的過去充滿血跡。將Pelourinho（英文Pillory）查詢翻譯得到的解釋為笑柄、頸手枷、羞辱柱，沒一個好聽的，原因就在於柱子約莫出現於12世紀，最初的目的是用來將罪犯雙手綁掛在柱子上，公開懲罰或行刑的，以昭天下。到19世紀自由主義盛行時，象徵威權的柱子被推翻，現存下來的，則是我們觀光客取景的地標，想當然在埃斯特雷莫茲也有一座。懲罰罪犯的平台還要兼具當時藝術與美學形式上的考量，我是怎麼也無法想像。

　　開往高處的舊城區，將車停在13世紀的城牆外圍，徒步順著鵝卵石坡道，經過小小的拱門，夾道兩旁挨著年事已高的民房，高塔就在前方。埃斯特雷莫茲城堡於1281年建立，迪尼斯國王與當時的女友，也就是後來的女王聖伊莎貝爾，一直生活在這裡。廣場有一尊女王的紀念雕像，用本地生產、白皙無瑕的大理石所雕刻而成，保證不費工夫就能找得到（提示：高度4公尺）。

　　城堡目前由連鎖旅館堡莎達（Pousadas）經營管理，我們走進旅館，向櫃檯人員表明要上塔樓參觀，得到了往入口指示的方向。因長久被走踏而嚴重磨凹的大理石階梯，表明了它數百年來的歷史，如果有人流計數器的話，數字會是多少呢？一億？十億？再加上我們夫妻倆跟兩個孩子吧！雄偉的梅納傑姆塔（Torre de Menagem），高度約28公尺，完全由大理石蓋成，是葡萄牙最美麗的塔之一。Lyon爬到最頂端的時候，對著射箭孔唱世界名曲〈給愛麗絲〉（其實是台灣垃圾車的音樂），Benjamin則說：「這裡真的太好了。」只需要爬112階，你就能擁有孩子般純真的反應。

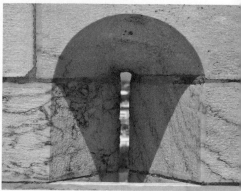

不愧是大理石的產地，能用上的地方都用了，多數民宅的窗框與門框，還有階梯、人行道、路緣石都使用大理石，即使是在鐮刀湖與大廣場路口的圓環裡，那座充滿悲歌的一戰紀念碑（因擴張領土政策的殖民戰爭）也不例外。葡萄牙各城市共有二十多個第一次世界大戰的紀念碑，打得是自己的殖民地安哥拉與莫三比克，葡萄牙美食、建築、物產、風景、人民都好，就入侵他國的殖民政策最不應該。

印象最深刻的景色是在城牆外的翠綠色斜坡上，成遍的艷紅色罌粟花，煞是美麗！不過話又說回來，城牆是用來抵禦外患，一朵朵花兒也象徵聽命於將領的士兵那充滿血色的身軀，這應該是五月份造訪特有的聯想吧！

以空照地形來看，阿連特究地區有一條長40公里、寬15公里，被稱為「白金」的大理石礦脈，埃斯特雷莫茲也在範圍中。葡萄牙90%的大理石都是由此出口，讓葡萄牙成為世界第二大的大理石生產國，其中又以獨特的粉紅色大理石最受國際市場歡迎。在大航海時期，大理石還被運送到印度、巴西、非洲……等殖民地。不過現今因為環保意識，開採過程會對環境造成無可挽回的破壞，居民或牲畜容易發生意外，引起不少抗議，雖然採礦行為從古羅馬時期就已經開始。

我們在行程中特地排入「大理石與它的產地」，往礦場的砂石路起伏顛簸、塵土飛揚，很明顯就不是給轎車開的；林立的蜘蛛吊臂、尖銳的切割聲；一台巨型推高機前面兩支牙，撐起從礦坑切下來的大理石塊（約2公尺立方），前牙與後輪搖搖晃晃，好像跳著輕盈的舞步。看過幾處被遺棄的礦場，裸露的礦坑目測深達100多公尺（約三十樓高）。年代已久的礦坑，形成一個小湖泊，湖水呈現深邃而碧綠的顏色；年代稍新的，則呈夢幻的Tiffany blue，雖然四周有簡易的圍欄，但若有似無，像我這種觀光客就輕易地站在礦坑旁。見識過三億年前古老的岩石，從地底被挖出來應用在生活中，早上在浴室刷牙時，看著銀狐大理石檯面，心想這會是葡萄牙出產的嗎？

維拉維索薩
Vila Viçosa

從埃斯特雷莫茲到維拉維索薩之間，沿途有幾家大型的採石場，還有好幾座全由大理石塊堆成的山，根據統計，這條礦脈共有160多家大理石公司。再來會經過一座小鎮 —— 博勒巴（Borba），此地是葡萄牙第一家葡萄酒合作社，盛產品質好且價格低的葡萄酒。我並非葡萄酒行家，喝了之後腦中沒有如神之雫般對紅酒香氣的敘述，說不出所以然，就只有覺得好喝。口感就等行家來敘述了。

　　同樣座落於阿連特究大理石礦脈，有「大理石城市」之稱的維拉維索薩，因其在建築物街道和廣場均大量使用大理石，以及大型狩獵保護區（Tapada Real）的歷史和風景，這兩個重要的特色，成為它申請聯合國教科文組織世界遺產的門票。

　　特別驅車前往不遠處的狩獵保護區，站上一座觀景平台，能俯瞰鎮上，放眼鬱鬱蔥蔥、綿延無盡的樹林，明白了1226年摩爾人為何要將此命名為「豐饒的山谷」（即Vila Viçosa）。

　　來到主要的公爵皇宮（Paço Ducal），長達110公尺的大理石立面，以紫羅蘭色的大理石為底，與前方的大廣場相呼應。廣場中央，騎著駿馬的若昂四世（D. João IV），氣勢高昂地站在三層樓高的基座上，兩個孩子就算嘴巴裡啃著麵包，還是要爬上去征服它。

　　此時，因為Benjamin突然內急，我們不得不向若昂四世最喜歡的度假居所──公爵皇宮借廁所。1640年12月1日，葡萄牙貴族們密謀占領里斯本王宮，擁立布拉甘薩公爵為若昂四世。1668年，戰爭終結，由布拉甘薩家取代西班牙哈布斯堡家成為葡萄牙的統治者，長達28年的期間稱為復位戰爭（Restoration War）。

　　年輕的布拉甘薩公爵──若昂四世，從西班牙人手裡奪回葡萄牙王位，並開始葡萄牙的第四個王朝布拉干薩王朝（1640～1910），是統治葡萄牙最後的王朝。若望四世還是個著名的作曲家和音樂理論家，他大量收集相關的音樂書籍與樂譜，尤其在登基之後，透過外交關係之便，取得當時歐洲最新出版的音樂書籍，讓葡萄牙擁有當時歐洲最大的音樂圖書館，只可惜這些藏書全部毀於1755年的大地震。不過在更早之前，葡萄牙還有一位熱愛文學、藝術與音樂的國王──迪尼斯一世。比較為人熟知的除了創辦科英布拉大學之外，他創作的詩歌體裁影響當時的吟唱詩歌發展。

解決了內急，緬懷了公爵之後，我們順道參觀緊鄰一旁，由修道院改成的堡莎達旅館（Pousada Convento Vila Viçosa）。雖是大理石產地，但修道院裡裡外外的地面均以紅磚鋪成，尤其是後花園的地面，以紅磚排列各種幾何圖形，十分好看，這時，換我緬懷家鄉盛產的紅磚了。迴廊庭院中盛開的柑橘樹，芬芳了我們的味蕾。對面正在看書的一對老夫妻，沐浴在帶有柑橘香的暖陽裡，從這樣的片刻中，我們提取了想要的未來。

從共和廣場斜坡高處的聖巴托洛繆教堂（Igreja de São Bartolomeu），可以欣賞數座紀念碑以及一座圓環噴泉，此時正結實累累的橘子樹和茂盛的羊蹄甲，綿延至道路的盡頭維拉維索薩城堡（Castelo de Vila Viçosa）。不疾不徐的小鎮，還沒到夜晚，就先感覺到寂靜，擁有輝煌歷史還能保有閒適的生活步調，這不只是居民的期許，也是旅人的最佳行腳處，至少在觀光人潮尚未湧入以前。

想起在葡萄牙的歷史上，有熱愛文學、創辦大學的國王，還有會創作音樂曲目與詩歌的國王，這國家的文化底蘊實在深厚。

埃爾瓦斯
Elvas

在埃爾瓦斯，可以感受到人類工程的偉大，水道橋（Amoreira Aqueduct）與里斯本的貝倫塔同為建築大師法蘭西斯科所建造。水道橋將阿莫雷拉（Amoreira）的水源連接到埃爾瓦斯，全長8.5公里，有4層共843個拱門，高度達31公尺。橋的兩側以直方柱與半圓柱扶壁結構強化，應該是伊比利亞半島最大的輸水管道。

　　埃爾瓦斯在過去被摩爾人占領了500年，又位在西班牙邊境，因而需要強大的防禦能力保護自己，現存世界上最大的星形堡壘防禦工事體系，大部分是在復位戰爭期間（1640～1658年）建造的，也因為保存良好，在2012年被列為聯合國教科文組織世界遺產的歷史文化建築群。

我們將車停在水道橋下的大型廣場，附近也停了八台露營車，我問 Ben 想不想去參觀，他說當然要啊！隨後我就去交涉，我用葡文問了一對夫妻能不能參觀他們的車，對方用法文回答，還好我法文比葡文好，溝通還算順暢。太太帶我們去參觀他們的露營車，豪華舒適座艙最多可以睡 3 個大人、2 個小孩，衛浴廚房俱全，屋頂還有太陽能充電板。我好奇露營車的價格，「6 萬歐元！」先生靦腆地說。我說我們結束葡萄牙旅程之後，會轉往巴黎。「我是巴黎人，去巴黎要小心扒手！手機不能放桌上，在列車上不要靠門邊用手機……。」來自巴黎的老夫妻提醒我們。他們分享從巴黎往南邊開，經過西班牙再到葡萄牙，打算玩兩個月，這樣的旅行方式我喜歡。向彼此道別之後，我跟 Ben 跑到水道橋下，跟他說用雙手去觸摸，實際感受存在日常生活中的千年建築。

　　午後落下的斜陽，穿過數百個南北向的拱門，投射在了無生趣的現代化柏油路上，增添些許風味。葡萄牙人與老祖先代代相傳所留下來的古蹟，他們彼此的相處方式，可以再寫長長的一篇論文了。作家韓良露在《義大利小城小日子》中提到：「我在義大利偏遠的山城旅行，最感動的就是當地人懂得保存歷史感，不會為了一時短暫的便利，毀掉獨特的存在，人們肯適應活在古蹟之中當個守護者。」

　　作家顧德莎也曾在詩集《時間密碼》中的〈城市記憶〉寫到城市發展與歷史的交錯關係：

在時間的長河裡

死人與活人並存

在同一個座標　埋著祖先的骨骸

以及新生嬰兒的臍帶

墓碑上的昭和

大樓奠基的民國

都具體存在

不需要拔除碑樁

不需要粉碎雕像

既然是傷

痛也是記憶

不必隱藏

　　整座城市與防禦工事如同一艘從停泊在山坡上的多邊形戰艦，面積非常壯觀。這一天，我們跨越邊境，效法英國詩人拜倫，由此取道進入到鄰國到西班牙巴達霍斯（Badajoz）。兩個城市有個相似之處，就是巴達霍斯有西班牙最長的城牆（長度6.5公里），顯然雙方都在攻防之中強大起來，當初動員龐大人力的防禦工事，如今是兩國居民生活的一部分，又是彼此的友好城市，這歷史說不清的事，只能交給時間來爬梳了。

波勒塔雷格雷

Portalegre

In Portalegre, city

From the Alto Alentejo, surrounded by

Mountains, winds, cliffs, olive and cork oaks

It was a beautiful balcony,

In that beautiful window!

Sierras lying in the clouds,

Distance and distance blues,

Blue, gray, lilac,

Already purple when closer,

Green and yellow fields,

Sprinkled with olives......

　　何塞·雷吉歐（José Régio）被譽為葡萄牙現代文學的偉大創造者之一，在他的眾多著作裡，有一篇波勒塔雷格雷之詩，我節取了其中一段如上。可以確定他這一段詩，就是敘述我們即將到達波勒塔雷格雷當下所看見的，或許他那時就是在形容五月的季節吧！

　　車窗外的風景隨著車速拋到腦後，不甘願它就這麼離我們而去，我們將車停到路邊，親自用手觸摸花叢，餵幾根草給牛吃，以便確認我們眼前的景色不是一幅巨畫，孩子也樂得下車逗牛。花草間，有車上看不到的小昆蟲；空氣中，混雜各類植物散發的清新氣味；此時綠油油的麥田，綿延至遠方的山丘盡頭。有時候我常在想，這也算是景點嗎？旅人們會因為我所敘述、不過就是公路旁絕美的自然景色而來嗎？

　　坦白說，如果是我，我也不會，但我覺得這是景點與景點之間非常重要的精神調味劑。它的存在，舒緩了旅人的思緒；它的存在，讓這個國家充滿靈氣。這是一個國家對自然的態度與定義，適度地讓它有空間生長。我摘了幾株大小和高爾夫球一樣的蒲公英，兩個孩子將它們吹向大地，隨風而去，繼續下一段旅程。

面積占葡萄牙近國土三分之一的阿連特究大區，不只是葡萄牙的糧倉，更是能將車開進去的露天畫廊。發展農業所帶來的景觀，竟可以如此美麗，想起在台灣的花東縱谷，也是令人感動的公路旁農業景觀，但也僅只於此，因為台灣最常見的風景，是農地上林立的工廠。

　　住宅區、工業區、農業區，民生廢水、工業廢水、農藥噴灑、卡車進出、灌溉溝渠、居家安寧……，不分區以至於影響彼此間的發展，然而讓下一代繼續生活在這樣的日常，真的好嗎？台灣有多少間農地上的工廠奪得世界冠軍的名號，這是在打旁邊辛苦種田的農民臉光嗎？

　　一番省思之後，直接開到偉大作家的故居。此時下午一點，整座山城小鎮正在睡午覺，顯得格外寧靜。穿著黑色長袍與頭巾傳統服裝的婦人，穿越馬路，消失在轉角處，平時熱鬧的共和廣場，只剩一群大紅色遮陽傘被風吹得喧譁。在葡萄牙隨處可見啤酒商Super Buck、咖啡Delta、冰淇淋Ali的桌椅擺放在店家前，提供客人用餐休憩，色彩豐富、造型不差，也算是街頭風景了。

　　在17世紀末以前，波勒塔雷格雷是葡萄牙主要的紡織中心，而在舊城區中心最顯眼的兩根煙囪，是1848年英國人喬治‧羅賓遜（George Robinson）買下廢棄的修道院改建而成的軟木塞工廠，成為當地重要的經濟來源。老舊的工廠，已在2010年由著名建築師Eduardo Souto de Moura將廠區改為現代化的旅館餐飲學校、文化展覽中心與軟木塞博物館。如果

對掛毯的歷史有興趣，還可以參觀相當低調的蓋伊菲諾掛毯博物館（Museu da Tapeçaria de Portalegre），就隱身在一整排傳統房屋裡，一樣是有中午休息時間（13:00～14:00），別和我們一樣錯過了。

主座教堂（Sé de Portalegre）的祭壇上，有葡萄牙最大的風格主義繪畫，兩側塔樓的牆面各有六道窗型的射箭孔，不曾看過這樣的設計，或者只是一道引光入室的作用呢？如果要看更棒的景色，就要繞到教堂後面，穿過房屋底下的拱門，遠處陡峭的山景會隨著拱門變焦 zoom in 在眼前。

在一則葡萄酒評論上讀到「阿連特究大區多屬炎熱乾燥，但波勒塔雷格雷位處東北方與西班牙交界的山脈下，雨量較多，夜晚氣候涼爽，再加上土壤中的頁岩、花崗岩及大理石比例高，所以釀造出來的葡萄酒，多半有著甜美的果香與隨著時間變化的複雜度。」我覺得可以直接放在旅遊指南上，形容這裡的風景。

注：此段行車路線為西班牙 BA-020 以及葡萄牙 N371、N246

馬勒矛

Marvão

馬勒矛的輪廓逐漸變得清晰，將車停在路邊，靜靜欣賞它盤據在八百多公尺高的花崗岩山頭，遺世獨立的模樣。走下車，雙腳踏在草地上，想起多年前曾造訪法國諾曼地的聖米歇爾山，也是相似的景色、相同的動作，算是一種膜拜吧。

　城牆貼著近乎垂直的懸崖峭壁修築，像是堅不可摧的無情士兵，穩穩地扎在葡萄牙與卡斯特利亞（昔日西班牙國名）兩國的邊界，防守任何想要來犯的敵人。以往站在城牆上的士兵除了有遠距離的投石器、弓箭、十字弓之外，可能還會準備石頭、熱鍋油，以便迎戰近距離的敵人。準備攻城的敵人驚見目標居然這麼高聳，可能就腿軟了吧！

　　不用刻意費神在馬勒矛尋找，我們就身處在歷經千百年所醞釀出來的景點，白牆、橘瓦、紅門，婦人坐在門檻上刺繡、拄著手杖步履蹣跚的老奶奶、沒有被現代化招牌汙染的街廓、鵝卵石街道上隆起的巨大花崗岩，每一個角落都值得一看。

　　在全球化的推波助瀾以及不斷改朝換代之下，要保持數百年如一日的外觀可不容易，過去捍衛各種外患的城牆，如今變成抵禦外來文化的侵襲。不過，即便是這樣講，旅遊網站還是貼心地整理出「15個必看的景點」。

　　說到葡萄牙常見的石灰泥白牆，除了能在夏天降低熱輻射的吸收，在冬天如穿白衣服能達到保暖的效果之外，平時還能做為襯托光影的布景，花草依偎其上，姿態也變得鮮明。巷弄間，白牆與陰影交織出來的畫面，永遠是攝影愛好者喜愛的純粹。如果以建築成本來說，單純只上水泥漆不含批土的價格，一坪約200～300元，這還是請師傅漆的價格，自己DIY的話成本更低，極低的成

本與最大的視覺影響，是不成比例的，紀念品店老闆說家中隨時都有一罐水泥漆以便修修補補。

曾經讀過一篇文章，葡萄牙的門框與窗框的顏色代表諸多象徵，黃色招財、藍色避邪、紅色補運，新婚夫婦會漆象徵富貴的粉紅色，王宮貴族的宅邸也喜歡用粉紅色，可能是那個年代粉紅色顏料難以取得的關係吧！也看過如橘色、綠色、奶油黃、赭紅色……，就像用來裝飾身上服裝的配件，試圖在制服群體中，尋求個人特色。

雖然村莊是蓋在花崗岩上，地質不利於植物生長，不過居民們還是會想辦法找地方種植，尤其喜歡在門口種植能攀附的薔薇，做為自然的迎賓花圈。村莊裡，還有一處精心修剪的花園，介於城堡與村莊之間，漫步村莊往上走一小段路，即可付 1.5 歐門票進入堅若磐石的城堡（Castelo de Marvão）。城堡底下過去用來回收雨水的蓄水池，至今還在使用。城堡內的廣場，Lyon 跟著一隻小狗走到一家商店，店裡是一位荷蘭藝術家的畫室兼商店，她以當地居民生活為素材，例如聊天、洗衣服……等，再用水彩賦予細膩的筆觸。

聽畫家說，村莊每年七月會在城堡裡的廣場舉辦國際音樂節，很令人訝異，人口不過 3000 餘人的村莊用國際級的音樂文化，行銷千年村莊，與世界接軌。想想存在於我們現實生活周圍那些沒有實質內涵、難以成為藝術形態的打卡式、煙火式活動，著實令人心寒。

站上城牆邊緣，從射箭孔放眼地平線模糊的盡頭，視野無遮蔽，阿連特究平原和 Serra de São

Mamede山脈，風景壯麗，更遑論只有十幾公里外的鄰國邊界。我想當時在瞭望台站崗的士兵應該很容易說出「早上5:30，敵軍正從帳篷走出來，準備刷牙」這種話。無怪乎寫作的旅人會習慣引用葡萄牙文學家薩拉馬戈在書中的敘述：「世界多麼寬廣（How wide is the world）。」

從馬勒矛出發，十分鐘就能抵達韋德堡（Castelo de Vide）。小鎮綠意盎然，公園裡更是長得茂密，連陽光都很難找縫鑽。蜿蜒坡陡的鵝卵石巷弄兩旁，擺滿了紅陶土裝的盆栽，形成美麗的鄉村景緻。在薩拉馬戈《Journey to Portugal》一書中提到一個說法：「韋德堡的人們將他們自己的城鎮稱為阿連特究的辛特拉，這個說法是自卑的。」

我很認同這種說法，應當要追尋自我，而非附屬在他人的名聲之下，況且辛特拉與韋德堡的風貌截然不同。遊客中心就在主廣場上，往北的巷弄走，當路越趨狹窄時，就表示到了猶太區。在西元13世紀時，被西班牙天主教迫害的猶太人，一部分逃到這裡，葡萄牙包容並且讓他們在此定居。

不過吸引我們來的，是小鎮的自然泉水，聽說可以治療腎臟病、高血壓與糖尿病。這裡有主要的泉水源頭，被風格怪異的大理石涼亭所覆蓋。在城牆外則是相對簡易的汲取口（沒有雕刻裝飾，僅用不鏽鋼管當出水口），旁邊貼著一張告示牌寫著「禁止洗車」。這應該是我們在葡萄牙看過第一張強調公德心的告示牌。立即將車內能裝水的容器都倒空，換裝此處的名產，天氣這麼乾燥炎熱，只要能解渴的，都好。

　　往夢山頭路上途經布蘭科堡（Castelo Branco），別緻的主教宮殿梯田式花園，與其階梯上十多尊歷代國王雕像，是來此會參觀的景點，只是造訪時已經打烊，所幸布蘭科堡當代文化中心（Centro de Cultura Contemporânea de Castelo Branco）還在等我們。就像來自遠古時代的飛船，降落在廣場旁的兩座混泥土基柱上，鏤空的底部竟然做成溜冰場。未來主義建築外觀以鈦鋅板和碳化木（燒衫）兩種主要材質建構而成，而前方廣場運用地形較低的優勢，刻意做一個小水坑，能匯集旁邊的噴水造景水流，不過我想主要是應用水的鏡面作用，讓建築物變得更輕盈，如同漂浮在水上一樣，整體規劃完美地整合周圍環境，為這座中世紀城市增添現代感。

夢山頭
Monsanto

已在一週前向民宿預約晚上七點抵達，可是前一個美景讓我們難以脫身，預約的時間肯定會超過，再加上我將預約時間誤記成晚上六點，心裡很著急，還好有再次確認預約時間為七點沒錯。

　　帶著忐忑的心情，開了一小段蜿蜒山路，夾道兩旁忽然凸出至馬路的巨石，宣告已經抵達村莊。此時 7 點 30 分，一位大叔站在岔路口等候，「一定是他！」大叔一看到我們的車也馬上向我們打招呼走過來，我連忙道歉「Sinto Muito（非常抱歉），讓您等那麼久」。問大叔為什麼知道就是我們，「我就知道是你們，我不太會講英文，但是我太太會，她會幫助你們。」他笑容可掬地回答。

　　大叔指引我們開車跟著他，他讓出自己的車位給我們停，把自己的車停到路邊。全花崗岩打造的山城，難以攻克，就連行李滾輪也休想在上面滑行，必須要用扛的，20 公斤的行李只需沿著石階扛 100 公尺，我可以的！

「當初買這間房子的時候還沒有室內的階梯，是幾年前自己花了好幾個月鑿出來的。」大叔向我介紹通往二樓的石梯由來。「由於整棟房子是蓋在巨石上，空間規劃也必須順著岩石，不然就會自找苦吃，」大叔挖苦自己。

　　我們清點了車上的食物存量，發現還不夠做晚餐，詢問附近有無賣熟食的店家，阿姨說附近一間酒吧有賣熟食，或者再往下走有一間最近才開業的高級餐廳。我先到新開的高級餐廳查看，似乎沒有適合的菜，接著再轉頭回到酒吧去。「Olá, boa noite!」，向正在看電視的老闆打招呼，「Eu quero o menu, por favor（請給我菜單）。」

　　點好餐之後，老闆拿著菜單進廚房給老闆娘看，但他們似乎對我點的餐意見不合在吵架。「Como?」我問老闆怎麼了，他帥氣地揮手表示沒事，然後就只有我們兩個繼續看掛在牆壁上的電視，正在轉播歐洲歌唱大賽。此時，夕陽正準備從每天的路線回家，由鐘樓上的公雞、山城、基督像構成的剪影，就在那一條夢山頭最美的稜線上。

山城小徑上，除了綠色垃圾桶、古蹟告示牌、從燒煤油改為電氣的路燈之外，仍保持數百年來的一景一物。村莊與巨石融合在一起，說村民每天生活在巨石之間，可是一點也不為過，此番獨特的景緻使得夢山頭在 1938 年贏得「葡萄牙最葡萄牙人的村莊」冠軍，獎盃就放在盧卡諾鐘樓（Torre de Lucano）頂端的那隻銀雞，只不過是複製品。

從酒吧外帶回來的餐點，搭配在超市買的紅酒，孩子們則喝汽水，我們舉杯互敬。此時，待在巨石裡餐廳特別溫暖（阿姨有告訴我怎麼開暖氣）。在安頓好小孩後，我帶著微醺，一個人往山上的城堡（Castelo de Monsanto）走去。逐漸失去依賴的昏黃街燈，換來的是伸手不見五指但清澈無比的滿天繁星，然而我卻必須更小心地壓抑呼吸聲。夜太黑、風驟急，城堡已經存在這麼久的歷史，來來去去的先人這麼多……一想到這裡，連剛架好的 Manfrotto 腳架都在發抖了。

夾著腳架下山，經過村裡唯一還開著燈的商店，頭貼進櫥窗一看，原來是酒吧，趕緊走進祛寒。向老闆點了一杯熱巧克力牛奶，「你確定？」老闆問，我說對。裡頭客人兩位再加我三位，我拿著熱巧克力牛奶坐在一位年輕人隔壁桌，「Saúde」，我向他敬酒，這句話應該是在酒吧聊天的前言吧。

「先前在里斯本待過幾年，去年才回到村裡當導覽員，夢山頭的風景也需要人來照顧與推廣，如果你明天早上到城堡就會再看到我。」這位穿鼻環、手臂刺青、一身龐克造型的年輕人與我分享，可惜我們早上就會離開。回民宿的路上，我都忘了，酒吧可以是在地的資訊交流中心，吧台就是電台，酒保是台長。過去旅行過程中，很少有機會去酒吧，一來是晚上要安頓孩子、整理當日照片與順隔日行程，二來是自己也不勝酒力。既然到酒吧不一定要喝酒，未來一定要想辦法將酒吧列入行程中。

清晨 6 點，夢山頭寒風刺骨，在暮藍星空與橘黃街燈之間，搶先在太陽出來前，爬到山頂卡位，接續昨夜未完成的任務。強風這把刮刀，又急又徐地抹開

藍色畫布上的白雲，似乎是為了冉冉而升的朝陽做準備。此時，太陽僅在地平線稍微露出一縷微光，天空就如同火焰，溫暖了鼻酸不已的早晨。早已成斷垣殘壁的聖邁克爾教堂（Capela de São Miguel），建築材料就源自周圍取之不盡的花崗岩，教堂旁有幾座在整塊大岩石上刻鑿出來的石棺與石槽，年代多久我不曉得，現在做為人類在大自然活動的證據。

　　我爬到幾顆巨岩上，發現有鑿出凹槽與溝槽，應該是匯集雨水的作用。在山頂待了一個半小時，沒有其他遊客，只有我和身旁兀自站在懸崖邊的巨岩，一同俯瞰夢山頭全城以及無比倫比、360度的壯闊景色。繼續攻上城堡最頂端，更能看清楚「地球是圓的」事實，這感覺就像自己就站在數千萬年所蓋成的神聖的殿堂之裡。

　　安瑟‧亞當斯（Ansel Adams）在《光與影的一生》」書中，曾寫了一篇文章：「……接觸大地本然的事物，讓人對現代生活高速旋轉的虛幻，豁然有另一層領悟，不管你有多世故，有一座巨大的花崗岩壁橫亙在面前，容不得迴避時，你會聽到他正在對你生命的深處做無言的呼喚。有些人聽都不願聽，但也有人被這召喚吸引，亦步亦趨來到這座雄偉的祭壇，心裡知道萬物之主就守候在山嶽之上。……初

來乍到的人,立即會感受到這些,因為此時此刻,你就站在神聖的殿堂裡。……在山林體驗剛開始的時候,那份靈氣就在四周迴盪,宛若歌德建築裡漂浮在空氣裡的珍貴薰香。……在大自然的原始規律中,追求與美結合的奇妙體驗。」

回到民宿,除了整理好行李,也將床單與棉被鋪好、擺飾品歸定位,我們住民宿都會這樣做,一來是個人的生活習慣,二來是對民宿主人的尊重,再來是在整理過程中能再次檢查有沒有東西遺落。「早餐準備好了!」阿姨說我們可以用餐了。如同歐洲普遍的室內擺設,電視一定是擺在角落,不會占據居家核心。三種火腿、三種麵包、三種乳酪、三種起司切片、麥片、果醬、蜂蜜、草莓、奇異果……,果汁、牛奶、咖啡、優格……,還有阿姨說今天切的這顆西瓜非常甜,長型餐桌上滿滿的餐點,搭配剛在院子裡摘回來的黃色與紅色玫瑰花。雙手拉開餐椅準備就定位,這一摸,才發現椅子大有來頭,牛皮上面有龍圖騰的壓紋,四周以銅釦固定,這該不會是中古世紀聖騎士的餐椅吧?「這張椅子好漂亮啊!」我驚奇地問,阿姨說是她的奶奶留下來的,我不敢再追問下去了,好動的 Lyon 已經快要將桌子翻了。

「住在里斯本的兩個女兒與孫子寒暑假都會來這邊玩。」阿姨分享自身生活的點滴,她一直摸 Benjamin 的頭與臉,覺得跟她孫子長得很像,也同時逗著 Lyon 玩。「女兒們在里斯本生活很辛苦,葡萄牙稅金很高,開民宿可以幫她們分攤一些經濟壓力。」「稅金多少%呢?」我問。「以最高來說,年收入8萬歐元以上要繳48%的稅金,」阿姨說。「台灣最高是40%,但一年裡還有各種名目的稅金,汽車燃料稅、牌照稅、房屋稅、地價稅,以及國民必須要繳交的國民年金,但它不久就要面臨破產……」「葡萄牙也有一些稅,財富稅,也就是房屋稅,以及退休人員的退休稅。」說到繳稅似乎沒人覺得開心。阿姨說明年是她和先生結婚50週年。「你們是如何維持這麼長久的夫妻關係?」我好奇地問,阿姨在電腦上打了一串字,「諒解與禮讓(understanding and yield)」。

　　面對屋子裡朝南那一大面窗戶，雙眼沐浴著遼闊沒有盡頭的風景，這頓豐盛的早餐，不只充實了五臟廟、充實了心靈之窗，還讓我們學到寶貴的婚姻哲學。用完早餐後，我們回到房間整理好行李，在離開前，我們在「有一匹紅色的可愛搖搖馬、六人座柚木休閒椅、一望無際的平原」的後院看最後一眼，努力記下這片風景，與大叔握手和阿姨擁抱親兩下臉頰後，不捨地離開這裡溫暖的家。

　　我們在那裡留下了情感的牽引。返台不久，我夢到再回去那個像夢一樣的山頭，遂而將原本中譯孟桑托改為夢山頭，純屬個人因素。只要去待上一天、住一夜，相信你一定也會同意我的看法。

歐洲親子旅遊最佳玩伴

出門在外，最不用擔心小小孩沒有東西可以玩，因為他們最會就地取材，路邊的花草、樹枝、石頭……，經過的車輛、車頭的長相……。不同國家的切換，移動在不同的城市，對小小孩而言，不會有心情上的轉變，只要有父母在身邊，到哪裡都是屬於他們的世界。

在我們心中第一名的親子旅遊設施是 —— 鴿子，牠們不但免費，而且源源不絕，還都是露天的，孩子怎麼大叫都不會怎麼樣，怎麼玩都玩不累。鴿子脾氣很好，不會生氣，在歐洲幾乎到處都有鴿子，不怕沒得玩，只要付出一點點吃不完的麵麵包屑，就能引來一堆，不過我們不會讓小孩手餵食，一來是怕會被鴿子啄，二來是怕會有傳染病。

說到鴿子，葡萄牙也有賽鴿運動，聽居民說有的賽鴿路線會將鴿子帶到最南邊的阿爾加維釋放，然後讓鴿子飛回布拉加（Braga），這條路線幾乎橫跨整個葡萄牙，需要無比耐力，路線越困難，獎金越高。

親子旅遊設施第二名當然是公園，拿著食物坐在公園吃，小孩邊玩邊吃，很快就能將食物吃完，這空檔就是夫妻兩人享受短暫的悠閒時光。

眼前的小孩比風景重要

眼前經過迷人的風景，左手抱15公斤的孩子，右手拿1.5公斤相機按快門，我要的不多，有影像就好。常聽到做人要學習放下、要捨得，但是帶著孩子總不能放下他，然後左手托相機、右手按快門、雙眼埋入觀景窗，因為一放下孩子就跑走了。我總是告訴自己，最重要的人已經在身邊了，用多按幾次快門來增加照片成像品質的成功率。在數位化時代來說，並不是奢侈的事。

　　旅行是我們留給孩子最豐富的資產，當然還有無數珍貴的照片。錄影也是還原當時情境最佳方式。

　　Brian：「每一次旅行，都有遺憾。」

　　Claire：「遺憾，製造下一次旅行。」

天空變化快速的雲層，為山丘
上一圈一圈的葡萄園，帶來豐
富的表情。過往運送酒桶的木
船成為一艘艘觀光船，河邊圓
形深黑色玻璃櫥窗裡，飄來時
尚感的音樂，原來是一家小酒
吧，剛好可以買一罐波特酒應
景，順便搭配稍早在街上麵包
店買的培根起司漢堡……

Chapter 4

中部大區
Região do Centro

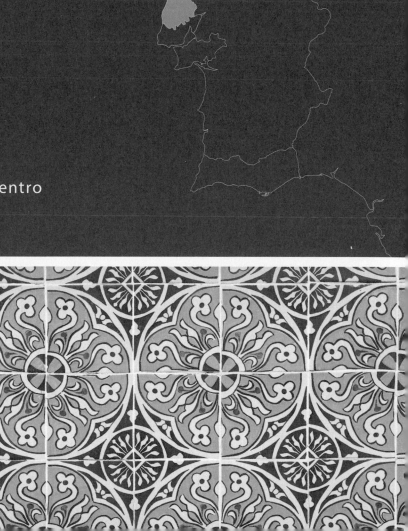

埃什特雷拉山自然公園

Parque Natural da Serra da Estrela

從葡萄牙東邊進入埃什特雷拉山自然公園，有兩條主要道路——科維良（Covilhã）和貝爾蒙特（Belmonte），我們選擇從貝爾蒙特的N338號公路，順著獨特的冰河谷地形進入，沿途參觀由山泉雪水所灌溉的幾座小村莊，再上切至葡萄牙本土最高峰——托雷峰（Torre），標高1993公尺。（注：如果連海外領土也算的話，第一高峰是位於亞速爾群島的皮庫山Mount Pico，標高2351公尺。）

貝爾蒙特有一個猶太社區，因為受到15世紀西班牙天主教的迫害，他們對猶太人發出驅逐令（Édito），這一法令也被葡萄牙國王沿用了。在那段時間裡，很多來自西班牙的猶太人在兩國的邊境線，尋找願意接納他們的棲身地。七燈燭台、九燈燭台、大衛之星，巷弄裡還看得到保存良好的猶太文化象徵，以及葡萄牙第一座猶太博物館。猶太人在歷史的長河裡，總是充滿苦難。光想到這些苦難，便不忍再敲擊出文字。

抵達埃什特雷拉山腳下的曼泰加什（Manteigas）小鎮，先到超市準備糧食，不過此時超市鐵門拉下來午休，必須等到14：30，那麼就先找餐廳把肚子填飽。街道上的披薩餐廳（Lusopizza）外面，站著一位先生對我們微笑，就這一家了，所幸滋味沒讓我們失望。附近有一家羊毛觀光工坊（Burel Factory），以生活在埃什特雷拉山羊兒們的羊毛做成各種織品。

寬闊的冰河谷地形，上坡的公路直指著皚皚白雪覆蓋的遠方山脈上，車子好像要開到天空一樣。將四扇車窗都打開，涼風吹得直打哆嗦，但還是想要大口吸入濃度超標的芬多精。我看到公路旁的一條碎石小徑下切至河谷，立刻將車駛出由柏油路，將車開到河谷邊。此地名為澤澤雷冰河谷（Vale Glaciar do Zêzere）。有一對夫妻坐在岩石上，向他們打了聲招呼後，隨即脫下Ben與Lyon的鞋子，暖呼呼的雙腳踩在從山上融化而下的雪水，我們興奮地尖叫，實在過癮啊！（脖子都縮起來了）。

我和這對夫妻聊天，他們來自西班牙，分享了結婚的時候去巴黎度蜜月，她50歲、先生52歲，女兒現在已經23歲。他們從西班牙開著廂型車，後面掛著

一台露營拖車，已經在葡萄牙玩半個月，光在埃什特雷拉山就待了八天，夫妻倆都喜歡大自然、喜歡爬山，也玩遍西班牙境內的山。

「你們應該來台灣的，台灣有200座山超過3000公尺，是世界上高山密度最高的國家。」「可惜台灣太遠了，旅行時間沒有辦法很長，還要工作。」「Maybe someday, who knows！」我說。

旅行最快樂的事情之一就是透過他人的視野來增長自己的見聞。在河邊聽到叮叮噹噹的聲音，山坡上一群羊咩咩邊走邊吃草，跟在後頭的牧羊人右手拿著長木棍、左肩背著行囊，他用葡文問我會不會講葡文、從哪裡來，我說會一點葡文，來自台灣。一開始還有點膽怯，因而沒多聊，而且Ben正開心地叫我去看河裡的水草。後來牧羊人和西班牙夫妻閒聊，他從行囊裡拿出水果與大家分享，隨後我們一起在萬年冰川前合影留念。

再回到N338號公路。零星的牧羊小屋，有些只剩花崗岩殘壁，有一間炊煙裊裊，為冰冷的河谷增添了些許靈氣。不到10分鐘，我們到了一處露營區（Covão d'Ametade）。山上的湖泊彙集了融雪，溢流而下形成一條小溪，是澤澤雷河的源頭。攀附在溪邊過冬的青苔，最先感覺到這股滋潤，早已成為蓬鬆的綠毯。小溪兩側的白樺樹林，長出了還沒伸足懶腰的嫩芽。原本波光粼粼的溪水，此時悄悄地化作一面鏡子，又是另一番絕美的景色。

　　我們在避車道上將車停了下來，在此回望方才走來的N338公路。陽光穿透白雲，輕盈地遊蕩在總長14公里的深邃冰河谷上，連腳邊這一小塊避車道也充滿詩意。不知不覺讓人減慢車速的，不是蜿蜒的山路，而是壯麗宏偉的風景。

　　再到更上方的澤澤雷谷，我詞窮了，再講「壯麗、宏偉」，只會降低眼前的格調並且讓人覺得老調重彈。還是靜靜欣賞就好。不然，看看辛波絲卡《結束與開始》詩集中的一篇〈天空〉怎麼說：

> 　　天空就在我背後、手邊、眼皮上。
>
> 　　天空緊緊將我包覆，
>
> 　　然後把我抬起來。
>
> 　　即使是最高的山峰
>
> 　　也不會比最深的山谷
>
> 　　更接近天空。
>
> 　　沒有一個地方比另一個地方，
>
> 　　有更多的天空。

　　冰河谷在後照鏡消失沒多久，就能看到開鑿在盤古岩壁上的巨大聖母像（Senhora da Boa Estrela），高度約7公尺。站在聖母腳邊的兩位牧羊人，穿著和剛剛在河谷見到的牧羊人幾乎如出一轍。此時還有些積雪，到聖母面前必

須滑下雪坡走一小段路。雕像底下，突出的岩石上放了幾束鮮花和堆疊的小石塊。「人」以當時極為困難的施工方式，創造出仰望「神」在天空的巨大存在感與震撼感，讓觀者覺得自我是如此渺小。這常是宗教折服人心的方式，也順勢將宗教變為藝術的一環。

　　埃什特雷拉山是葡萄牙唯一的滑雪勝地，很慶幸我們抵達的時候還有一些殘雪，讓孩子可以玩雪。這時候，制高點的氣溫驟降為攝氏2度，只有我跟Ben頂著迎面而來的強風，跑去滑雪場纜車玩雪。可能冷過頭了吧！上車後，鼻腔從腦海快速讀取曾經吃過熱食的美好滋味：滷味、關東煮、大腸包香腸一組（加蒜頭）、薑母鴨、羊肉爐……，如果這裡有這些攤位，生意一定很好。

　　走進山頂唯一的商店街，還沒進門就聞到空氣中沉沉的乳酪香。商店街裡有保暖用品、手套、外套、羊毛織品、綿羊娃娃……等，以及各式各樣的乳酪。店員請我們試吃了幾款。「Delicioso？好吃嗎？」「Very good！」試吃太多款了，無法做決定，乾脆請店員推薦。「Queijo Serra da Estrela埃什特雷拉山乳酪」，我聽店員的建議買了一小塊，只不過味道Claire與孩子們都不喜歡，在幾次回到飯店時Claire馬上問是誰的腳好臭，後來發現兇手是它。我吃了三天才吃完。葡萄牙七大美食之一，從享受變成一種負擔。

維塞烏

Viseu

在維賽烏入宿的旅館，屬於堡莎達連鎖旅館的平價系列—— 青年旅館 Pousadas de Juventude，地點在占地遼闊、歷史悠久森林公園（Parque do Fontelo），維賽烏的大型運動場館也都在此。旅館由舊建築改造成簡約的現代風格。獨立衛浴空間、三張單人床、乾淨的空間、優越的環境與位置，兩大兩小住一晚只要 31.5 歐元，這是我們一家人旅遊至今住過最便宜的旅館（無論國內外）。要省錢省到讓人感動，還真不容易！

　　維賽烏舊城區外圍屬於新興的城市景觀，寬闊的街道，整齊但外觀是單調又無聊的集合住宅。我們眼睛掃到一家大型的冰宮購物中心（Palácio do Gelo Shopping Centre），在進入舊城前，先逛一逛感受一下現代化建築吧。

地勢較低的共和廣場（或羅西歐廣場），是市中心的主要廣場與綠肺之一，比民宅稍大一點的市政府就隱身在樹海之間，我喜歡這種政府機構，為了服務人民而存在的服務單位，何必大費周章，蓋得富麗堂皇、雄壯宏偉，令人感到高不可攀呢？尤其花的又是納稅人的錢。同樣在樹海底下的，還有綠色的露天咖啡廳與休閒椅，它們都知道自己只是大自然的配角，毋需在顏色上做文章，以綠色和白色現身即可。

市政府北側的道路邊，弧形的牆上貼有磁磚壁畫，可以了解十九世紀末的農村樣貌。斜坡上是一處小而溫馨的母親公園（Jardim das Mães）。我們從維塞烏西側重要的古蹟拱門（Porta do Soar，建於1472年）進入大教堂區，一個不經意就被紀念品店吸引，買了一條手工編織的彩色條紋地毯，由於分量並不輕，特別請老闆秤重——3.7公斤！還是將它扛回家。打包後，將它就連同糧食與背包，放在骨瘦如柴的推車上。

教堂區域範圍似乎是蓋在堅固的花崗岩上，尤其以維塞烏大教堂（Sé Catedral de Viseu）後方基座上裸露的花崗岩最為巨大。大教堂建於十二世紀初，主教堂免費參觀，進入其他博物館可從紀念品處購票即可進入教堂內部。

教堂裡有些磁磚畫呈現白霧狀，仔細一看才發現是黏上了一層紗布，我問館方

人員用意為何，得到回覆「教堂裡的瓷磚已經年代久遠，有剝落的現象，黏紗布可以防止繼續惡化」。我們還看到以麻繩、扭結為元素的曼奴埃爾式肋骨交錯拱頂，只是形式上比較簡約。這裡有葡萄牙第一個文藝復興時期的迴廊，中央主祭壇既華麗又繁複。上到二樓，展示各種宗教用品，還有一座巨型的聖經架。走出陽台就能俯瞰城市景觀。至於通往側翼建築的廊柱，也是附近部分民宅會採用的設計形式。

　　緊鄰大教堂左側是格朗·瓦斯科博物館（Museu Grão Vasco），曾是舊神學院的所在地，後來在1916年創立博物館，以葡萄牙文藝復興時期最著名的畫家格朗·瓦斯科命名，蒐藏13世紀至19世紀的繪畫、雕塑以及宗教用品。

　　廣場中心的十字架圓柱底下，有5位年齡層不相同的人在寫生，應該不是學生，他們面對著廣場北側另一個醒目的地標──慈悲教堂（Igreja da Misericórdia）。Lyon好奇跑到他們旁邊，我也順勢偷瞄了一下，以鉛筆快速描繪出建築輪廓──是速寫。周圍環境充滿雋永的藝術美學線條，可以為作品加分不少。

　　慈悲教堂建於18世紀，外觀結合巴洛克式、洛可可式和新古典主義設計。立面的壁柱、山牆均裝飾有貝殼圖案，尤其窗框線條極為優雅，如果教堂上面沒有立十字架的話，很可能會誤以為是

一座富麗的宮殿。進到內部，以白色和金色繪製的新古典主義祭壇，中央如同多層大蛋糕的祭壇上，立著聖母慈悲雕像，風格十分典雅。

若覺得意猶未盡，出了教堂，往東北方走1分鐘，還有一棟文藝復興風格民宅Casa do Miradouro，為考古收藏家José Coelho的博物館，院子裡濃密綠蔭，在此稍作休息也挺好的。國王杜阿爾特一世（Dom Duate I）銅像就站在以他為名的廣場，是舊城區的中心。從國王看出去的方向，可以跟他一樣，欣賞門窗樣式多變的住宅以及舊城主要道路R. Dr. Luíz Ferreira。

根據葡萄牙民意調查顯示，維賽烏兩次被選為葡萄牙最適合居住的城市。當我看到城市裡擁有密集的綠蔭、充足的休憩座椅、舒適的街廓、美學兼具的公共設施，最重要的是能將花草樹木照顧得很好的時後，就知道調查結果一定沒有錯。

上斗羅河葡萄酒產區
Alto Douro Wine Region

從維塞烏往北方的斗羅河方向，途經拉梅構（Lamego）小鎮，有個地方必須前往朝聖一下。站在第一個階梯，抬頭望著交錯而上、充滿濃烈裝飾風格的階梯，直達聖母救世主避難所（Santuário de Nossa Senhora dos Remédios），彷彿要將人帶往天堂一樣。

深呼吸一口氣之後，踏出第一步。每一層階梯平台都有關於聖母升天的磁磚壁畫，以及綠意盎然的園藝造景，並且還有噴水池。我們抵達的時間正值烈日當頭，從水池裡舀了幾把清水往臉上潑，快意似活。踩過9層平臺、600多階，站在頂端，放眼筆直的林蔭康莊大道，視線順著廣場、人行道，直達拉梅構博物館（Museu de Lamego）門口。小小的小鎮博物館裡，典藏了葡萄牙偉大畫家格朗·瓦斯科的畫作，以及獨特的葡萄牙國王彩繪泥塑像（公仔），小巧可愛。

　　站在博物館門口遠眺山上聖母救世主避難所才知道，這600多階還真高。拉梅構位於斗羅河山谷上方，從N226-1公路往北方出發，過了約5分鐘就發現，這裡還珍藏了許多層層錯落的葡萄園縱谷景緻。再過了10分鐘，就抵達主要觀光景點皮紐（Pinhão），這條路線相當值得一遊。

　　行駛在歐洲最美的N222公路，從佩蘇達雷瓜（Peso da Régua）往皮紐，全長28公里。一開始覺得風景還好，怎麼會是最美的公路呢？但開了幾分鐘後就不一樣了。蜿蜒的公路貼近開闊平緩的河道，河岸兩旁古老和新闢的葡萄園梯田，

相應順著天空進入河面，還映著湛藍的天空與白皙的雲朵。Quinta字樣的白色酒莊，散落在梯田間。

　　N222公路所屬的「上斗羅河葡萄酒產區」，在2001年列入世界文化遺產，顯見葡萄酒對於葡萄牙有多麼重要。我遵循公路限速60公里慢慢開、慢慢欣賞，但後面跟著的車都很緊，我示意要讓他們超車，也都沒要過，應該都是想要欣賞美景吧！

　　走到河邊，天空變化快速的雲層，為山丘上一圈一圈的葡萄園，帶來豐富的表情。過往運送酒桶的木船成為一艘艘觀光船，河邊圓形深黑色玻璃櫥窗裡，飄來時尚感的音樂，原來是一家小酒吧，剛好可以買一罐波特酒應景，順便搭配稍早在街上麵包店買的培根起司漢堡。一家人就賴在斗羅河岸邊野餐，一點都不想走。這還都要拜河岸邊的兒童遊戲區所賜。我觀察到多數葡萄牙的風景區都會設置兒童遊戲區，這是非常高明的規劃，孩子玩得開心、待得越久，就越能增加父母的消費潛力（我們親自實驗證明），是發展觀光所能延伸的時間財。

　　斗羅河深度夠深，中型郵輪也能行駛其上。而

我們選擇搭乘20人座的木船遊河，氣氛古樸且較貼近河面。船往上游開，來回大約1小時，大人10歐，Ben 5歐，也有人包船享受獨自時光。「天氣熱的時候，會開放讓遊客跳船。今天天氣雖然非常好，不過水溫還是很冷，我們還是待在船上比較溫暖，」船長說。開船不到半小時，Lyon已經在甲板與船艙來回跑了無數次，旁邊一位來自美國佛州的阿姨說他好可愛，伸手要抱抱他，而一向大喇喇的Lyon居然帶著靦腆的笑容靠過去，阿姨實在非常地寬容有愛！

河道靜謐無波，迎著涼風，我倚靠在船緣，將手伸到船外，試圖掠過和對向觀光船交會時所泛起的波浪，咦？河面色澤好似蔬菜薯泥湯（Caldo verde），那種青中帶黃、黃中帶綠的色澤，發源自葡萄牙北方的傳統美食，和台灣翡翠湯的口感類似，是在葡萄牙小餐館很容易喝到七道名菜之一。

18世紀初，英國在西班牙王位繼承戰爭期間，禁止進口法國葡萄酒。葡萄牙和英國簽署梅休因條約（Tratado de Methuen），迅速彌補這個缺口，除了給予英國葡萄酒訂購優惠之外，還允許英國自由進入葡萄牙市場。但惡劣商人眼見有利可圖，以劣質酒混充葡萄酒。1756年龐巴爾侯爵創立斗羅河葡萄酒公司，嚴格控管品質。

只不過運送到英國路途漫長，導致葡萄酒容易變質，商人在不斷測試中發現，若加入酒精純度較高的白蘭地，從原本葡萄酒酒精濃度12～14%，提升至19～22%，能增加品質的穩定度。但改變製程，也改變了葡萄酒的風味。斗羅河出產的葡萄酒，乘坐平底小船（Barcos Rabelos）的經濟艙木桶，搖搖晃晃地來到下游波勒多圖對岸的加亞新城，放進山洞裡進行一段時間陳釀後才裝瓶。經過這段程序才能稱為聞名世界的波特酒。

　　傍晚六點半，身體依舊能感受到炙熱的夕陽，開車往預定好的皮紐民宿，以為離河畔只有1.6公里很近，沒想到民宿位於非常陡峭的山頭上，膽戰心驚地開了十分鐘左右，路況稍微平緩時抵達。民宿旁有一座觀景台，僅有的一張休閒椅，獨占山頭180度的視野，俯瞰斗羅河層層疊疊、綿延無盡的葡萄園，還有雷古阿河（Regua）與斗羅河美麗的S型曲線，就算沒有住這裡，也值得上來欣賞！

　　晚上9點，Benjamin坐在格子落地窗旁，在斗羅河夜色下，繼續寫學校的功課，無論功課成績如何，這樣的態度在我心目中已經100分。隔日清晨6點，趕在陽光起床前，再度來到觀景台，換我獨占山頭。6點19分，金黃色溫暖的日出，覆蓋在歐洲最老的葡萄酒產區，歐洲最美的公路N222逐漸被喚醒。6:43分，陽光撥開郵輪一格一格的窗簾，船艙內想必都變得溫暖起來了吧！

　　回到民宿，屋主這時已經準備好早餐，質樸而溫馨的餐廳，香氛四溢。庭院裡的橘子樹花滿開，蜜蜂今天應該也很早起。「哈啾！我對花粉過敏，沒事的。」女主人一邊打噴嚏一邊跟我們解釋。我們聞的芬芳花香，可是苦了她。

　　離開皮紐制高點的民宿，垂直往斗羅河下切，google map帶我們走了一條非常陡峭的葡萄園耕地，感覺像是專為農耕機開闢的路。太太這時臉色不太好，看起來像是平常生氣會有的表情，而我心裡暗自想：斗羅河葡萄酒區是全歐洲開闢歷史最悠久的，應該不會有土石崩塌或者土石流吧？！顛簸搖晃地在頁岩石路上開了十多分鐘後，看到一張告示牌寫著「Symington」，我們居然誤闖了聞名的辛明頓家族集團的葡萄園。行前早已知道他們釀造的葡萄

酒，在2014年世界百大葡萄酒排名第一與第三，酒莊兼遊客中心（Quinta do Bomfim）在2015年才落成，只是沒料到以這種狼狽的方式入園？

酒莊10：30才營業，和其他遊客先在漂亮的玫瑰花園裡等待。本來要參觀付費的酒莊行程，但隨身帶了一台戰車，火力驚人，作罷！由於我對酒完全不內行，好心的侍酒師在介紹酒款時，特別帶我們到付費行程才能品酒的地方。在品酒杯中，倒入10年、20年、40年，讓我們品嘗箇中差別，當然價格也是隨著年分正成長的。

「開瓶後兩週內，都是波特酒的賞味期間。特別好的年分可放數十年，增長口感的複雜度，味道更加奇妙。」侍酒師說，還好我對酒的味蕾鈍了些。選了兩瓶心中第一名的波特酒，不會對荷包產生太大殺傷力。

從皮紐N222再接N102前往福什科阿新鎮。彎彎曲曲的高原上，葡萄園日照多，土壤更為乾燥貧瘠，景色變化截然不同。經過一段車程後，來到聖若昂達

佩什凱拉（São João da Pesqueira）歇歇腳，順便找地方解決內急。小鎮以共和廣場的教堂拱門長廊建築為標誌，長廊兩側各有一座鐘樓。

　　一位似乎快被烈日烤乾的徒步旅行者，看不出來是不是朝聖者。他停在長廊，卸下高過頭的登山背包，重重地放在地上。聽到他坐下來時，大口吐了一口氣，我都為他感到輕鬆許多。他從背包拿出一條巧克力麵包與利樂包蘋果汁，也該是吃午餐的時候了。就在他坐的位子隔兩根廊柱，地上有一看似熊掌的銅印，不明白是什麼作用，廣場沒有當地人可以問，資料也查不到。常聽到對一座城市或村莊沒進入所謂的現代化的一種說法：「被時間遺忘。」我不禁要反問：「安靜地過好自己的生活，需要被時間記得嗎？需要被寫入孤獨星球嗎？」

福什科阿新鎮
Vila Nova de Foz Côa

葡萄牙唯一擁有兩個世界遺產的城市 —— 福什科阿新鎮：其一，「上斗羅河葡萄酒產區」世界遺產的範圍；其二，「科阿谷和謝加貝爾德史前岩石」（Prehistoric Rock Art Sites in the Côa Valley and Siega Verde）。

　　帶孩子實際感受人類在 25,000 年前的生活遺跡。這個地區是目前世界上發現年代最久遠的人類遺址之一，其中有些單一岩壁，不斷地被重覆刻畫，經考古學家用碳年代檢測，岩壁的年代橫跨一萬年之久。考古學家將這些堆疊在一起極為複雜的線條，依年代一一抽絲剝繭，變成單一具象的圖案。

在 1990 年代初期，這裡是水壩預定地，在興建過程中，沿著科阿河沿岸發現一系列可追溯到舊石器時代晚期的岩畫和雕刻，包括成千上萬隻馬匹、牛、其他動物和抽象人物，時間介於西元前 22,000 年到 10,000 年。雖然興建工程早已開始進行，但是當地群眾不放棄，積極發起拯救遺址活動，向政府陳情、告訴葡萄牙人民、寫信給聯合國組織、寫信給其他國家政府等，試圖阻止興建中的水庫。在不斷努力下，越來越多人知道遺址的重要性，1995 年葡萄牙總統不得不宣布停止興建水壩。1998 年，不到三年的時間，「科阿谷和謝加貝爾德的史前岩石」就被聯合國教科文組織列為世界遺產，可見其歷史價值非常重要。

　　原訂要參加九十分鐘的遺址導覽，後來發現路線陡峭對於兩歲多的孩子，行走上比較不方便。想到要抱著 15 公斤的 Lyon，恐怕吃不消，遂打消念頭。還好博物館內展品與布置皆高水準，陳列著從各個遺址區所採集回來的岩石、遺址的發現過程、當地原住民的生活軌跡，也將遺址岩壁畫 1:1 複製放在館內，孩子們在這個空間裡穿越時間，具體地知道自己與兩萬多年前的人類有所連結。在炎熱難耐的天氣裡，博物館確實滿足了喜歡考古卻又不想汗流浹背的旅人。

科阿谷博物館（Museu do Côa）建築本身很有特色，三角形建築量體面對山谷匯流的中間線上，建築材料取自當地的石材場與混凝土，為的就是讓材質與顏色都接近基地周圍環境，形體順應地形，遵循在地地理脈絡，將特有的地理特點融入設計當中，特別是關於在地文化，還需考慮到斗羅河谷的自然景觀以及世界文化遺產的重要地位。順應葡萄園梯田而建的白色建築群落，如同梯田中的植物一般，人造建築物謙卑地與大自然共處，這是地域性建築所要傳達的精神。

　　位於北方10分鐘車程的頗西紐（Pocinho），同樣也有一座地域性建築高性能賽艇訓練中心（Centro de Alto Rendimento de Remo do Pocinho）。「我們要尊重祖先在這裡所創造的一切美好事物，並且用智慧的建築手段將其改造成一個具有文化重量的建築。」建築師這樣表示。

布薩可國家森林公園
Mata Nacional do Buçaco

旅程中最期待的住宿地就在這裡！調整其他天數的住宿預算，就是為了成就這間一晚約台幣五千元的五星級飯店。說起來不怕讓人笑，這是我們多年旅行花費最貴的飯店。

Check in 之後，我們驅車來到位於山腰舉世聞名的三大礦泉水品牌之一盧梭小鎮（Luso），不是來裝能延年益壽的礦泉水，也不是為了盧梭飯店裡的高級水療，而是為了找雜貨店解決一家嗷嗷待哺的問題。繞了一小圈都沒有適合晚餐的食材，倒是覺得盧梭和之前造訪同為出產礦泉水的法國愛維養（Evian）比起來，都是同樣低調、優雅。查詢衛星導航顯示最近的超市在十三公里外的阿納迪亞（Anadia），沒辦法，還是要下山一趟。進入阿納迪亞小鎮的主要道路長約 1.5 公里，夾道兩旁種植了樹齡約兩百年以上的楓樹，很壯觀，每棵樹大約在樹幹七公尺左右修剪，讓分枝能由此往上生長，不影響道路交通與採光。在 Pinco Doce 採購了烤雞、生菜、麵包、橘子、蘋果、洋芋片、啤酒、煙燻臘腸，還有吃烤雞必備的辣椒醬 Piri-piri（一種葡萄牙常見的辣椒醬），回五星級飯店內準備吃晚餐。

為何入住布薩可森林國王狩獵行宮五星級皇宮飯店還不滿意？！Check in 一進到房間整個臉馬上垮下來，非常失望，一度想要取消退房，室內貼滿沒貼好的廉價壁紙；浴室貼了品質差的大理石，我向服務生反應沙發椅會搖動不穩，服務生說它已經一百年了（意思是他不想換）。浴缸裡面有多處髒汙垢，服務生說等一下會請人來再清一次；房間沒有 wifi 訊號……，我們的房間活像是皇宮裡的傭人房。經營團隊用很差的裝潢品質對待曾是國王的狩獵皇宮，說實在有點心寒。

隔天清晨，在多數遊客還在睡夢中

時，我短暫地占有整座皇宮，將她從頭到腳品味了一番，建築外觀如同里斯本傑羅尼莫斯修道院與貝倫塔的綜合體，同為精湛的曼奴埃爾式雕工。朝南的坐向與大面積花窗玻璃，充分將光線引進宏偉的樓梯，走廊上三十多根造型不同的廊柱，在遮風避雨的同時，也提供欣賞的用途。

早餐時間，侍者為我們帶位到室內已經擺放好餐具的位置，事實上我早就勘查好場地，知道哪裡是最棒的位置，向侍者表達我們想坐外面時，他說沒問題！陽光似乎算準了我們會來的時間，剛好在我們的餐桌上露臉，救了這個被後代管理者糟蹋的國王行宮。只是誰會知道，在這華麗極致的陽台，Lyon會將剛吃進去的美味早餐，吐了兩盤出來呢？

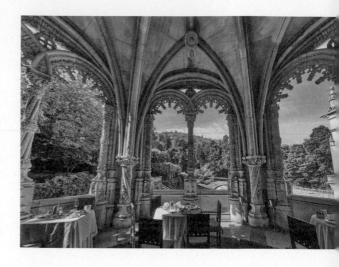

在葡萄牙住過幾間旅館，除了餐檯上看得到的飲品，還能告訴侍者需要哪種咖啡特調（拿鐵、卡布奇諾……），他們都會提供，這算是隱藏菜單吧！

這座皇宮，在十九世紀末由葡萄牙最後一任國王卡洛斯一世（Dom Carlos I）所建造，做為狩獵行宮使用，堪稱是近代宮殿的傑作，但在完工前，卡洛斯一世就在里斯本遭到暗殺，而後1917年改建為飯店，是葡萄牙唯一一間能住宿的曼奴埃爾式建築。由於位處布薩可國家森林公園裡，不需住宿也能參觀這一切。

穿越正值滿開的紫藤廊道，有一位男士對著Benjamin與Lyon拍了一張照片，拍完後他看到我對著他笑，他手比著相機，意思是可以拍照嗎？我點頭，隨後他跟我說他應該先知會我才拍照的，我說沒關係，他說很多人會介意這種事，特別是在歐洲。他看到我帶著兩個小孩，而且其中一個還這麼小，便向我

比讚然後說我們很勇敢，聽到他這樣
說，我腦中快速思考並回顧了在機上
與路上發生過的事，真的如他所說
的──很。勇。敢。

　　回神到這位頭戴葡萄牙常見的鴨舌帽男士身上，我們聊了大概三十分鐘，他
問的問題都滿有哲學性的，讓我有餘地思考，Claire則帶著Benjamin與Lyon
在皇宮花園玩，但我忽略了才在前一刻，Ben跟我說他要從地上撿山茶花瓣，
然後要我幫他拍撒向空中的畫面。前一秒才答應他，下一秒卻在跟陌生人聊
天，而且還聊那麼久。Ben不時地在旁邊徘徊踱步，我卻沒有意識到，再請
Ben幫忙我們拍合照的時候，他很生氣說不要。我跟這位紳士解釋，他笑笑說
沒關係，他可以理解。事實上，平時我會先暫停大人之間對話，聽孩子要說什
麼，因為小小孩的期盼並不會影響「大人」聊天的閒情雅致，但這時下意識居
然會認為如果中斷聊天對話，會不禮貌，真是夠了！把尊重留給陌生人而不是
親人，怎麼對別人就這麼仁慈呢？！

　　皇宮前，一座被細心照料的花園，各種花色的玫瑰與灌木叢，排列成巨大的
圖騰。池塘裡有幾隻害羞的小水鴨，如果不打擾牠們，可以從平靜的池面看見
兩座皇宮。正值滿開的紫藤廊道，激起了我們回家要種紫藤的想法。我們循著
布薩可國家森林公園地圖，進入大航海時期從各殖民地收集栽種至今的多樣性
植物環境，占地100公頃的國家公園居然是在十七世紀時由人工栽種出來的，
很不可思議；山下著名的盧梭礦泉水就是從公園底下的礦脈孕育而生。

　　那個男士會是作家嗎？還是哲學家呢？也許哪一天我會在書店翻到作者簡
介，然後看到他的照片也說不定。

科英布拉
Coimbra

科英布拉大學——阿爾塔大學和索非亞大學（Universidade de Coimbra - Alta e Sofia）為迪尼斯國王於1290年創立，是世界上最古老的大學之一，2013年被列為聯合國教科文組織世界遺產的文化和歷史建築群。科英布拉曾經是葡萄牙的首都，雖然是座古城，但因知名大學每年不斷注入的新血，讓城市看起來比實際年齡年輕很多，走在街上感覺城市相當有活力，又稱為學生之城。

　我在晚上九點出門夜拍時，還遇到了幾組夜跑隊，如果不是一身攝影裝備，我也想加入他們。在不熟悉的環境夜拍時，要先將記憶卡備份、重要物品放旅館、口袋放瑞士刀，外在則想辦法偽裝自己，如果看到有人走過來（尤其是兩個以上的年輕人），我會大聲講話或者隨便舉手向附近的人招手，假裝有朋友在身邊，讓自己看起來不好接近。空曠偌大的蒙德古（Mondego）河濱只有我一個人在這裡拍照，總是不停左顧右盼回頭看，以防萬一。

帶著些許戒慎，靜靜欣賞古老的山城大學倘佯在亙古長河，在暮色與華燈的渲染下，就像一座寶藏，更加深了它的歷史重量。從聖克拉拉橋走回旅館 Hotel Larbelo，旅館地點很好，位於科英布拉的核心。值得一提的是廣場上的銅像，是紀念19世紀的司法部長 Joaquim António，他在1834年頒布著名的改革宗教條款，廢除宗教人士使用的修道院或房屋形式，將其納入國家資產。著名的例子就是傑尼姆斯修道院因為條款頒布，修女修士們被趕出修道院，為了顧三餐而催生出舉世聞名的蛋塔。

　　有一群夜跑隊正在這裡集合，我問其中一個人，這裡晚上安全嗎？她說科英布拉很安全，但河岸那邊晚上還是不要去比較好，我還問了為什麼公共停車場裡總是有人站在那裡指揮停車呢？她說因為有些人失業，想要做一些事來賺錢，有時並不是為了小費，而是為了賣藥。有時後就給個20分錢，心裡比較沒有壓力。這也算學到了。隔天早上，我看昨晚那位仁兄還站在那裡，提著行李上車，跟他打招呼，聊了幾句，沒有要跟我要錢的意思，應該已經放棄了吧。

　　推著推車逛舊城，車輪壓在石板路上，坐在上面的 Lyon 搖搖晃晃，在汽車還沒發明前，乘坐馬車的感覺應該就像這樣吧。石板路屬於羅馬時代的產物，狹窄又彎曲的小巷本來就不是為了汽車而存在，雖有迷你巴士接駁，仍無法解決湧入山城的車輛。行前查詢了葡萄牙的氣候資訊，五月平均會有六天下雨，我們在葡萄牙數周，非常幸運終於遇到一天下雨。原本預計要走路去參觀大學，那時正下著不小的雨，不得已也只好開車了，先讓妻小在離購票處最近地點下車，我再去找車位。

　　濕滑又陡斜的石板路需要十分小心，然而下雨天好像把大家的車子都從車庫趕到室外，整個大學區全都停滿了車，繞了三十分鐘總算找到車位。在購票處等候會合的過程，Claire 身邊的一對夫妻問她是不是台灣人？住哪裡？竟然是台中的同鄉，距離彼此的家不到十分鐘，太有緣分了！「隱約聽到的鄉音、黑頭髮黃皮膚、臉型輪廓甚至穿著……」旅行中，我發覺，在越陌生的地方，越能夠嗅出同鄉的味道，擴大彼此同鄉的範圍。

　　參觀科英布拉大學門票有分不同計畫（Progame），我們選擇參觀項目最廣泛的 Progame A，大人 12 歐，小孩免費，購票時服務人員會一並告知幾點參觀圖書館。可惜參觀的期間下雨，為了安全高塔暫停開放。喬安娜圖書館（Biblioteca Joanina）是 17 世紀末在殖民地巴西發現黃金後，展現財富的象徵。室內空間與書櫃全以柚木包覆，能保持相對濕度，並且減少蟲蛀；書的最大敵人衣魚，則依照傳統由蝙蝠來擔任殲滅的任務；以黑色為基調，輔以鍍金裝飾，展現華麗，可惜這一樓層不開放拍照。比較特別的是位於第一層的學術監獄（Academic Prison），因為柯英布拉大學有自己的法庭，所以有監獄來關不乖的學生也是很正常的！大學區地勢較高，若不入內參觀，光是悠久的歷史建築群與俯瞰城鎮視野，就足以大飽眼福。

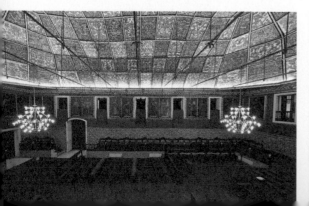

　　科學館（Museu da Ciência da Universidade de Coimbra）蒐藏了過去數百年的研究項目：動物標本、航海與星象儀器、物理與科學實驗儀器……鉅細彌遺，人類探索大自然的歷程，一一再現。整體而言，12歐的參觀票價很值得，美中不足的是由於大學區域分布廣，參觀動線不明、沒有明確標示入口，學生抽菸比例高，到處都聞得到菸味，且學生餐廳一份套餐（蔬菜湯、排骨飯、薯條）9歐，以葡萄牙的物價來說，非常貴！

　　大學生的斗篷（Praxe）也是科英布拉的特色之一，寬大的黑色棉質，走起路來像飛翔的蝙蝠，故葡萄牙人暱稱他們為黑蝙蝠。學生們穿著數百年前就存在的服飾，延續傳統，感受自己也是歷史的一部分。這種斗篷與葡萄牙婦女傳統的黑披巾很像，至今仍可見年長婦女穿著。大學還有一項傳統，每年到了五月初的學期末考試前，學生會燃燒緞帶，徹夜狂歡慶祝即將畢業，活動期間長達八天，據說是歐洲最大的學生慶祝活動。

　　行前查了資料，發現在科英布拉有一座「小人國」樂園（Portugal dos Pequenitos），地點位在科英布拉大學對岸，Benjamin很期待。園區成立於1940年，雖然不大，不過建築用的全是真材實料，沒有發泡塑膠填充FRP，網羅了葡萄牙和過去殖民地的幾處熱門景點與特色歷史建物，都被縮小搬進來了，比如貝倫塔、澳門廟宇、馬德拉漁村、摩爾人城堡、奧古斯塔拱門……等，做工非常精細，孩子們可以從中認識自己國家不同地方的風情，而且做得

非常堅固，門窗幾乎都能打開，也算是一種能互動的玩具，孩子們會在裡面玩捉迷藏，硬體我們給100分。至於軟體的部分，實在差強人意，園區工作人員的接待，沒有樂園的歡樂氣氛，我們盡量不去在乎他們的表情，還是遛了近兩個小時。另外，以葡萄牙的物價來說，小人國的票價偏高（大人9.95歐，3～13歲5.95歐，2018），但孩子很喜歡，整體來說還是滿推薦的。

距離科英布拉以南約20分鐘車程的新孔代沙（Condeixa-a-Nova），有葡萄牙境內最大的羅馬遺跡──科尼布里加（Museu Monográfico de Conímbriga）。進入園區需要購票，館方人員詢問來自哪裡，並且與我分享許多羅馬人在葡萄牙的貢獻，讓葡萄牙在當時有先進的都市建築系統還有語言的發展，我則反問對方推薦來葡萄牙旅行的原因，她說葡萄牙擁有豐富的文化與歷史、長達兩百年的航海強盛時期⋯⋯。

在旅行的期間，我們會讓孩子在早晨與晚上看半小時的當地兒童電視節目，一來是藉由兒童頻道了解該國對於兒童的教育方式，比如在法國有的頻道早晨會教中文，在葡萄牙每天早晨都有一首三分鐘的音樂劇短片介紹葡萄牙歷史，從小紮根、不能忘本。到了晚上九點前，會播放晚安歌，提醒孩子準備就寢。另一個好處是我們可以做準備工作，準備晚餐、洗衣服、排行程。

造訪時正值下雨天，走到河谷邊一處開挖出來的羅馬大澡堂，只剩馬賽克地磚，周圍森林的霧氣加上遺跡，感覺特別有靈氣。一座小城要經過多少時間，才會被塵土掩蓋、抹平？遺跡範圍共有13公頃，年代大約為兩千年，目前僅挖掘幾百平方公尺的面積。散落在葡萄牙的羅馬人遺跡不少，而科尼布里加園區博物館蒐集了挖掘出土的文物，搭配精細的繪畫與模型，我們可以很容易了解當時羅馬人在此的生活樣貌，是值得造訪的地方。

UNESCO
世界遺產
1983

UNESCO
世界遺產
1989

修道院三兄弟
Three Great Monasteries

托馬勒城堡以及基督修道院（Convento de Cristo）

位於葡萄牙中部的托馬勒（Tomar）山丘上的城堡以及基督修道院，最初為聖殿騎士團在1160年所建立的總部，1983年登錄為世界文化遺產，是葡萄牙最重要的國家紀念碑之一。成立於1118年的聖殿騎士團，最初是為了保護前往耶路撒冷的朝聖者，也為葡萄牙國王對付摩爾人。但憑藉著強大的武力，兩個世紀以來，勢力擴散至歐洲各地，帶回的龐大財富，足以借錢給王公貴族。

但不義之財總是來得快去得快，十二世紀末期，法王腓力四世（Philip IV）跟英國正打得如火如荼，在欠缺銀彈的情況下，國王除了下令沒收猶太人的財產之外，也將腦筋動到向富可敵國的騎士團借錢。然而不知是否早有預謀，

借錢不還不打緊，腓力四世還影響當時的教宗克勉五世（Clemens PP. V），在1307年10月13星期五這一天，宣布聖殿騎士團是異端教徒，捕殺所有法國境內的聖殿騎士團成員。據說這就是黑色星期五的由來，但演變到二十一世紀的今天，已經變成瘋狂廝殺的購物節日，到底是商人在掠奪消費者荷包還是消費者在掠奪商品，已經分不清了。騎士團從各地逃回托馬勒總部沉寂許久，1317年在國王迪尼斯一世復興下，改名為耶穌基督騎士團（Ordem Militar de Cristo），也再次創造新的力量與財富，其十字徽章後來也成為葡萄牙大航海時期著名的標誌。

托馬勒基督修道院像是一座大迷宮。建築群建於十二世紀到十七世紀之間，經歷不斷變化，交錯著不同類型的建築風格，有哥德式修道院、義大利文藝復興風格的主迴廊、曼奴埃爾式的章節屋窗戶（Sala do Capítulo）與繩索、浮標、王國徽章、十字架徽章、渾天儀……等地理大發現為裝飾。六座不同風格的修道院迴廊、通道與樓層不一定會相通。能在具有歷史與藝術價值的建築裡迷路，也算意義非凡，但如果是有參觀時間限制的旅行團可不妙。

當走進於1190年完工的禮拜聖堂（Charola），
率先映入眼簾的是細緻的聖經故事繪畫與雕刻
的十六道牆面，包圍著中央八邊形圓柱所構成
的鏤空建築體，鍍金雕花與梁柱造型非常華麗，
為仿照耶路撒冷 —— 聖墓教堂（Church of Holy
Sepulchre）的拜占庭風格。仰望十字架上全身充
滿傷痕的耶穌，光線自頂部八個窗戶灑落而下，
讓禮拜堂更加充滿光輝而神聖。我雖非為基督徒，
內心卻不小心湧出「哈利路亞」讚嘆。眼前的建築
傑作著實讓人深感著迷，我抬頭望著並且繞了好
多圈，貪心地飽覽所有的細節。

　　購票參觀的部分，可以連巴塔利亞修道院和阿
爾科巴薩修道院套票一起買，因為車程都在一小
時內，它們被稱為修道院三兄弟，每一座都是世
界遺產，也確實一個都不能錯過。傳說托馬勒現
今仍藏著世上最大的聖殿騎士團寶藏。或許哪一
天，先進的探勘技術會再將古代的寶藏召回現代。

　　不過，縱使基督修道院極具重要性，我們仍傾
心於托馬勒鎮上迷人的水岸風光。不同高度的攔河
壩墊高了納博河（Nabão）的水位，使河面具有層
次感，在上游的河面也變得寬闊平靜，Benjamin
說好像哆啦A夢《大雄與鐵人兵團》裡的鏡面世界
一樣，在下游又能製造出輕緩的水流聲，光用聽得
就覺得沁涼。河道中間運用剛砍下來的樹幹與樹
枝再墊高水位，將河水引入岸邊讓木製水車得以

運轉。跨過河道走進位於河中央的迷你島慕修公園（Parque do Mouchão），由數座典雅的橋梁連接，沿岸垂柳隨風搖曳，小綠頭鴨們悠哉地滑過河面，一想到就隨時來個水浴梳理羽毛。從公園的方向能看到舊城和後方的基督修道院，與河面相輝映著。有河水流經的城市，總讓人感到鮮活有魅力，前提是我們需懂得愛它。

巴塔利亞修道院（Mosteiro da Batalha）

同樣位於葡萄牙中部的巴塔利亞修道院始建於1386年，其中最令我印象深刻的未完成教堂（Capelas Imperfeitas），必須從主教堂後方外部的側門進入，稍不留意很容易就錯過。入口多層次的華麗曼奴埃爾式大理石柱簍空雕花，向上延伸至教堂的天空，卻硬生生地少了屋頂。再仔細端詳會發現，上面刻有連續字母「Leauté faray tam yaserei」，重複兩百次，經查詢意思為「我將永遠忠誠」，據說是曼努埃爾一世國王向前任國王所表達的敬意。

祈禱室（Sala do capítulo）高19公尺
的廣闊拱型尖頂，中間無任何支撐，在中
世紀時期是非常大膽的設計。據說當初建
築師怕倒塌，只敢雇用已經被定罪的犯人
來施工。目前是紀念第一次世界大戰捐軀
的無名戰士，左右各有一位衛兵站崗守護
此地。過不久，迴廊間有三位軍人踢正步
而來，和站崗的軍人做衛兵交接。

　　修道院雖然在1755年大地震受損，
但更嚴重的破壞來自1810年的拿破崙軍
隊。1834年葡萄牙宣布解散修道院，修
士們紛紛離開，自此淪為廢墟。直到1840年，國王斐迪南二世開始修復，拯
救這座哥德式建築的寶藏。修復工作一直持續到二十世紀初。1907年被列為
葡萄牙國家古蹟，1980年修道院改設博物館，於1983年入選世界遺產，並於
2007年被選為葡萄牙七大奇蹟之一。

阿爾科巴薩修道院 (Mosteiro de Alcobaça)

當初吸引我踏進阿爾科巴薩修道院的，不是世界遺產，也不是建築，而是兩具
石棺上的一排字「Até o Fim do Mundo（直到世界末日）」。如同莎士比亞筆下
的羅密歐與茱麗葉故事一般，只是發生在這裡的是更真實、淒美的故事。故事
很長，但很能感動我，我想把它寫出來。

　　1340年，葡萄牙國王阿方索四世為兒子佩特羅一世安排了一場婚姻，對象
是鄰國卡斯蒂利亞王國的康斯坦絲公主，這場政治聯姻讓佩特羅娶了不喜歡的
人，但也譜出命中注定的相遇。隨公主嫁過來的還有一位出身貴族的姊妹伴伊
內絲，佩特羅很快就知道自己的心屬於誰，開始暗通款曲。康斯坦絲在生下第
三個孩子後沒多久，便離開人世。沒有了這一層約束，佩特羅便想要直接娶伊
內絲為妻，不過父親阿方索非常反對，他擔心在他去世後，葡萄牙王位的爭奪
可能引發內戰或者落入卡斯蒂利亞王國手中。

　　佩特羅於是便將伊內絲安置在科英布拉，遠離國王。1355年，國王阿方索四世派出三名殺手前往科英布拉的Santa Clara-a-Velha修道院找到伊內絲，在小孩面前將她斬首。發現愛妻身首異處，佩特羅悲慟欲絕，心生憤怒，在查出幕後指使者竟是自己的父親之後，不顧一切，率兵討伐他的父親。

　　國王沒料到奪去親生兒子最愛的女人會引發他最擔心的內戰，父子相殘竟然持續了約一年。他們意識到死傷的都是自己的子民，彼此立下停戰合約，但國王自此抑鬱寡歡，1357年停戰不久便死去，佩特羅隨即繼位。他的愛情史與父子衝突，激發了二十多部相關歌劇和著作，其中包括著名的葡萄牙史詩──《盧濟塔尼亞人之歌》（*Os Lusíadas*）。

　　1361年，佩特羅國王捉到兩位兇手，公開審判定罪，親手將兇手開膛剖肚，取出心臟。根據傳說，佩特羅後來將伊內絲的遺體挖出，讓她穿著華麗長袍和珠寶，放在寶座上追封為王后，並要求所有的封臣、貴族、神職人員都要親吻已故「女王」的玉手。這個傳說也被真實地畫在油畫上。

　　姑且不論傳說真假，佩特羅確實將伊內絲從科英布拉遷葬到阿爾科巴薩修道

院。登基之後的佩德羅下令蓋兩座陵墓，一座給他自己，另一座給伊內絲，石棺放置的方式與一般不同，放在教堂的南北兩側，腳對著腳，墳墓都有一排字「直到世界末日」刻在大理石上，期盼在最後的審判中復活時，第一眼就能見到對方。伊內絲石棺底下有三頭半獸人抬著，面貌依照三位兇手所雕成，象徵生生世世都要為自己當初所犯的錯贖罪。

雖然歷史是人寫的，有可能會加油添醋，不過國王在生前就請人在石棺雕刻他與伊內絲的一生，豐富的情感全都呈現在雕刻細緻的石棺上，包括被割頭顱的那一幕。回到阿爾科巴薩修道院本身，極簡的哥德式列柱，線條由底部一氣呵成貫穿至拱頂交叉肋骨，祭壇也不若一般教堂那麼華麗，創造出寧靜的空間感，是葡萄牙第一座哥德式建築。進入後，左邊是迪尼斯一世修道院（Claustro de D. Dinis），需購票參觀。葡萄牙歷任國王的彩色泥塑像都在牆上排排站，不過大部分已斑駁不堪，還有幾個空位不知道是不是為了以後做準備。

修道院有一處令婆婆媽媽們感到相當親切的地方——廚房，中間位置的巨大抽油「煙囪」和辛特拉宮相比，有過之而無不及。室內全部以顏色不一的淺色磁磚隨機貼附，營造豐富的層次感，如果髒了也比較看不出來（這個設計應該深得有潔癖家庭主婦、主夫的心）。交叉拱頂天花板也全貼滿

了，甚至連煙囪內部也不放過。有幾位媽媽受不了玫瑰大理石中島的呼喚，紛紛做出像在切菜的動作，並對著相機微笑；另一邊的婆婆則在大型水槽做出洗菜動作，同樣令人莞爾。館方人員表示，目前廚房還可以運作，若舉辦一場廚藝大會，應該相當受歡迎。

修道院迴廊是視覺的極致饗宴，絕對是葡萄牙在建築上的驕傲。身旁一位同為攝影愛好者，和我一樣，竟然同時對光影顯露出興奮之情。迴廊花園裡，有一座文藝復興風格的三層噴水池，研判是當時的洗手台，因為就在僧侶用餐的飯廳外。水池裡養了幾隻金魚，他們會在乎自己身處在多尊貴的地方嗎？也許只會在乎玩水的 Lyon 會不會把他們抓出來吧？

1153 年第一位葡萄牙國王阿方索一世為慶祝戰勝摩爾人，實踐當初許下的承諾，建立一座修道院，做為禮物送給熙篤會的會祖 ── 聖伯爾納鐸（St. Bernard de Clairvaux）。1252 年完工的教堂和修道院是葡萄牙最早的哥德式建築，教堂也是葡萄牙規模最大的。阿爾科巴薩圖書館也是葡萄牙中世紀最大的圖書館之一，在 13、14 世紀，葡萄牙國王阿方索二世和

阿方索三世，以及他們的王后也都安葬於此。

1755年里斯本大地震僅對修道院造成小損害，然而與巴塔利亞修道院同樣的命運，在1810年的法國入侵期間，法軍造成了巨大的破壞。他們掠奪圖書館文物文獻並燒毀教堂內部，這兩座墳墓不僅受到嚴重的損壞，還遭受士兵的褻瀆。國王佩特羅的遺體從棺材裡被取出，包裹王后伊內絲的紫色裹屍布、仍有金色頭髮的頭顱被丟到隔壁房間的石棺中。

後來僧侶收集並將它們重新安置。1834年葡萄牙宣布解散修道院時，修士被迫離開修道院，又有許多文物文獻被盜。佩特羅一世和伊內絲墳墓從1810年以後就被安置在教堂的不同地方，1956年才又回到他們最初面對面的位置。修道院風格樸素又高雅，其重要的藝術與歷史價值，於1989年被聯合國教科文組織列為世界遺產。

康斯坦西亞
Constância

會知道康斯坦西亞，是在閱讀葡萄牙詩人薩拉馬戈雜文集《謊言的年代》裡的章節所提到，葡萄牙最偉大的詩人卡莫斯曾經以這裡為家，從他家窗戶看出去，想必看過上千次塔古斯河與澤澤河（Zêzere）交匯的景緻，激發了他創作傳世的詩句。另一個吸引我們造訪的是它的名字，唸起來很好聽，好像很有歷史味，殊不知我查了資料一後才發現以前稱為 Punhete，葡萄牙文是有關淫穢與性的意思，到十九紀初期才改名。

　　卡莫斯曾經跟著探險船隊從里斯本到澳門、非洲和印度，如今他的銅像就坐在紀念公園（Horto Luís de Camões）前的石椅上，公園裡蒐集了他作品中曾提過的52種植物。另外還有一座澳門花園，以這樣的方式紀念詩人，非常別出心裁。還有一位詩人 Vasco de Lima Couto 生前也住在鎮上，在他去世後將房子改為博物館。還好這些知名度並沒有帶來過多人潮，小鎮也沒有橫衝直撞地發展觀光，仍可保有輕鬆與純樸的步調，這也許算是好事吧？

在Check-in時，因為無法與屋主取得聯繫，我們向隔壁鄰居求救。很幸運地，他打電話幫我們聯繫。「對面有一戶是中國人，房子是跟你的屋主租的，他在附近開了一家雜貨店，也許你們可以認識。」來自英國的鄰居說，他喜歡葡萄牙人與人相處的感覺，很親近，與他的家鄉不同，這也是他為什麼要移居的原因之一。

我請他推薦附近的景點。「歐倫（Ourém），那裡不是熱門的觀光景點，是可以讓他平靜的地方，還有一座蓋在河中央的城堡（Castelo de Almourol），年代超過兩千年，必須坐船才能上去。」這位擁有英式傳統幽默的英國人說。過沒多久，中國王先生果然出現，他非常高興，因為太久沒見到能用中文聊天的人，他協助我們與屋主溝通，並且非常好意地邀請我們一同用晚餐。移居此地已經十多年，與太太經營雜貨店。「河邊有幾處廣大的沙灘，水上活動是這邊最大的娛樂，不過現在河水還太冷，不然就可以帶孩子去玩水。」王先生說。

　　雖然葡萄牙工業區的位置都會相當程度遠離住宅區，然而在這個平靜的小鎮，對岸24小時不斷排放白煙的紙漿工廠，影響生態也干擾視覺。「鎮上許多人都在那裡上班，工廠帶來大量工作機會，還有地方發展。」當地居民說。康斯坦西亞被塔古斯河的大河灣所環抱，並且與澤澤河交匯，在河的對岸，能拍到小鎮在河面的景緻。隔日一早，我便開了約十分鐘的車程去對岸，從不同角度欣賞小鎮，也去了紙漿工廠一探究竟。小鎮不大，一個小時內就能走透，沒有過度觀光味，是品嘗葡萄牙原味的好選擇。

歐倫
Ourém

葡萄牙多丘陵、地勢高、視野好，成為守護家園的絕佳戰略位置，開車在葡萄牙路上，常不經意地就看到山頭上的城堡出現在眼前。康斯坦西亞民宿鄰居介紹的景點——歐倫城堡（Castelo de Ourém），位於法蒂瑪與托馬勒之間。驅車直接抵達舊城區，觀光客確實非常少，只有一組當地參訪團。他們走到一家小餐館前，一位身穿中世紀服裝的男士正在以戲劇表演的方式，拿著羊皮卷軸，吆喝著這團員們加入某種用餐前的儀式，很有趣。

　　歐倫城堡尚未確定何時建造，據稱是在12～13世紀。城堡與塔樓上方均以紅磚做為拱形裝飾性石材，非常少見，是歐倫城堡的一大特色。城堡後方的大型廣場只豎立一座Nuno Álvares Pereira III銅像，他原是一名軍事指揮官，後來變成加爾默羅會的修道士，於2009年被封為聖徒。

　　參加旅行團或者自助旅行的人，對以發展觀光的國家來說，都同為觀光客，沒有誰比誰高貴的問題。大家的目的都一樣，想要看看這個國家，只是個人需求不同而做出不同選擇罷了。《我用50年前的旅遊指南玩歐洲》作者道格·麥克（Doug Mack）提出了一個有趣的旅遊市場的成長公式：中產階級的擴張 + 流行文化的影響 + 旅行容易度的提升 = 大量的旅遊人潮。

　　不過這本書是在2012年出版的，撰寫時間可能在2011年，到我書寫的時間為2019年，這期間個人社群媒體如Facebook、Instagram、Snapchat、Twitter、Youtuber皆以驚人的倍數成長。「網紅」在自拍鏡頭前，盡責賣力地介紹，並且將照片的鮮豔度調到爆表，無非就是要讓粉絲看了受不了而按讚，其中又以美食與旅遊兩種為主要引發共鳴的類型。社群媒體誘發的群體力量，讓個人資訊不再是一對一發送，而是一對一萬、甚至一百萬。因此，我再加入另一種觀點：社群媒體 + 網路資訊普及 = 大量的旅遊人潮。

　　站在歐倫的制高點，360度的視野無遮蔽地觸及地平線的盡頭，歐倫度過戰火和時代的變遷，沉澱為眼前的平靜，城堡的斜坡上，長滿鮮紅色的罌粟花，我想像那是戰火下的英魂所幻化而成的自由之身。這平靜，得來不易。

法蒂瑪
Fátima

法蒂瑪在1917年以前，只是個默默無聞的小鎮。
那一年，三位牧羊小孩接二連三地看見聖母顯靈。
雖然當地居民深信不疑，不過最初教廷對此事抱
持懷疑的態度，直到1930年萊里亞主教才認可此
事。從那以後，村子蓬勃發展，如今已成為全球天主教徒的三大朝聖地之一。

　　法蒂瑪不只支撐信仰者的心靈，為了見證三位小孩看見聖母顯靈的奇蹟，也
直接創造小鎮的經濟奇蹟。開車進入法蒂瑪市中心，沿途看到密集的旅館與飯
店，用來供應從世界各地不斷湧入朝拜的信徒。周邊商家賣的全都是垂憐的聖
母與三位小孩相關紀念品。

　　1917年第一次神蹟發生在5月13日，每年這一天就成為法蒂瑪主要慶祝
日，而前一天5月12日晚上，會有上萬信徒捧著蠟燭，擠滿占地非常遼闊的聖
母聖殿廣場（Santuário de Fátima）。

　　當人們面對雄偉的聖殿與濃厚的宗教氛圍，讚嘆聖殿的偉大，同時也加深了信仰的重量，就連沒有宗教信仰的人，也很容易被感動。站在廣場面對聖母聖殿的左方，有一條光滑的白色大理石步道，是為了虔誠的信徒所鋪設。有些信徒為了向聖母祈福或還願，會從步道起點跪著爬行至聖母面前，以表達最大的敬意。

　　2017年適逢聖母顯靈一百週年，聖母像在世界各地巡迴，也巡迴至台灣幾處的聖母天主堂，我恰巧在那一年聖母抵達的前一天，有幸造訪羅東天主堂，躬逢其盛。

　　我們一家坐在外圍的大理石椅上野餐，沒有進入聖殿的想法。能置身在此，已經感到心滿意足。

馬夫拉宮
Mafra

葡萄牙諾貝爾獎得主薩拉馬戈於此得到靈感，將宗教與王宮荒謬的故事創作出虛構小說《修道院紀事》（*Memorial do Convento*）。馬夫拉宮坐東朝西，建築立面長達200公尺，非常雄偉，小鎮與之相比，顯得十分迷你。廣場前大型的放射狀拼花地磚，彷彿要將宮殿這股奢華的光芒射向全歐洲。

馬夫拉宮建於18世紀，起因是若昂五世國王婚後三年一直膝下無子，他發願如果能夠和王后生下後嗣，就要蓋一座修道院。Bingo！生下長女芭芭拉後，國王履行誓言，原先只想蓋一座普通的方濟會修道院，恰巧在統治期間，殖民地巴西發現了大量黃金，不惜一切代價，什麼都要最好的，於是將簡單的修道院蓋成葡萄牙最大最奢華的宮殿。

宮殿建築面積約四公頃，包括29座大廳和庭院、1200個房間，156座樓梯……，這真的是要用來住的嗎？長達90公尺的圖書館有四萬本藏書，是歐洲最重要的圖書館之一。馬夫拉宮前的兩座鐘樓有18世紀最大的鐘，每組鐘約12噸重。大教堂的雕像是義大利境外最重要的巴洛克式雕塑收藏品之一，以白色的卡拉拉大理石雕成。

還好整座宮殿在2007年被列為葡萄牙七大奇蹟之一，2019年獲選為聯合國教科文組織世界遺產，不枉費花了那麼多錢。

納札雷

Nazaré

在 IC9 高速公路途經整齊劃一的人造林，從衛星空照圖來看，面積約末 25 平方公里（2500 公頃），是我們在葡萄牙期間看過最大的人造林。人造林在葡萄牙四處可見。「砍樹不是不好，砍了又種，森林需要永續經營，才足以應付人類的需求。就像我們在日本電影《哪啊哪啊～神去村》看到的一樣。現在種的樹是 100 年後，讓子孫有樹可用。」望著車窗外的 Ben，聽我說了這段話。

台灣森林覆蓋面積超過 60%，但木材自給率只有 0.44%，也就是說我們有99% 的木材仰賴進口，這是非常嚴重的問題。過度依賴，就容易被控制。況且，自己覺得砍樹不好，而讓其他國家砍他們的森林，也是間接傷害。「神去山是村民的信仰，是心靈的寄託，象徵了村民靠山林為生的這份驕傲，更是生產『搖錢樹』的寶山。」《哪啊哪啊～神去村》有段話這麼說。

納札雷紅色燈塔下的資料室，電視播放著納札雷從漁村發展為衝浪聖地的過程，海面下的峽谷

地形海床是製造世界最大海浪的原因。距離海岸一公里的地方，有歐洲最大的海底峽谷 Nazaré Canyon，從大西洋海底平原來的海流，經過這個最深達 5 公里的峽谷，高度產生急遽的變化，造成海面忽然上升與下降，到了冬天的時候，變成恐怖的滔天巨浪，經測得最高的浪達 35 公尺。

　　我們造訪時很幸運，只需要面對充沛的陽光與徐徐涼風即可。資料室牆壁還展示著各國選手在這裡乘風破浪，想要締造世界衝浪紀錄的照片。不過，並不想嘗試驚濤駭浪的人也不用擔心，長達 80 公里的半月形沙灘大部分還是適合全家娛樂的。

　　納札雷因地勢的關係，分為上下兩區，可以搭纜車上下兩地，我們則直接將車開到上區。海灘上突起的山崖平台（Miradouro do Suberco），是俯瞰納札雷海岸線的絕佳位置。在聖母聖殿前（Santuário de Nossa Senhora da Nazaré）的廣場中心處有街頭藝人表演，而周圍幾乎是紀念品專區，其中有一家手工編織的攤位特別吸引我們的目光，一位男子熟練地操作傳統織布機，將名字或指定的句子編成一條手環，我喜歡這種現場手工藝，有踏實的感覺，不是去跟上游批發來賣的。我馬上跟他說要四條不同名字的手環，正準備要將資料寫在他的筆記本時，他說要等一個小時，很可惜，時間不允許。因為我和 Ben 早已等不及要去朝聖網路影片中的滔天巨浪地點。

走在街道上，沿途都能聞到烤魚的味道，不時提醒我們「來到漁村何不吃個海鮮呢？」找了幾家餐廳，價格都偏高，這也難怪，是在主要觀光地點啊！走進巷子裡，選了一家看起來頗有家庭歸屬感的餐廳。服務生很好，跟我們解釋了一些菜色，Lyon 想要玩櫥窗上的玩具車，服務生便去拿來。我在迷茫之間決定了今天的午餐，兩份套餐和一道料理陸續上桌。然而之後我們卻遇到環葡期間最無理的對待。餐廳老闆從我們一進門態度就非常不好，我們一開始以為只是做事比較嚴謹而已。餐後向服務生表示「A conta, por favor 請結帳」時，服務生笑著說好，接著他與老闆好像討論什麼事，顯得有些不開心，隨後老闆走出櫃台把帳單丟到我們桌上，並做出不以為然的表情，我們這時才覺得他從頭到尾是帶有某種歧視的眼光在看我們，看了帳單覺得價格好像不對，莫非剛才與服務生之間的討論是因為價格嗎？也罷！

會想要將這件事寫出來，也是出於旅行所會遇到的各種意料之外的事，並非抱怨，我們不會因為遇到一個無理之人，就抹煞了葡萄牙的好。旅行過程不可能全部零缺點，即便是以奢華著稱的旅行團也一樣。只要快樂的比例遠大於雞毛蒜皮，就足夠了。

歐比都什

Óbidos

來到 Claire 期待已久的歐比都什小鎮,今天當地居民正在布置聖母節慶,以樹葉妝點小鎮,地上撒了一些看起來像是菩提樹葉。一群穿著整齊得體的長者們坐在矮牆上,他們通常身著針織衫西裝褲,頭上戴著狩獵帽,腳底穿著軟底皮鞋,這是葡萄牙長者的日常服裝,縱使只有閒話家常但可不含糊,未曾看過他們穿便服或拖鞋。

　　進入城牆入口(Porta da Vila)。會先看到傳統彩繪磁磚,再走進入城牆內,聽到一個聲音「好巧,又遇到你們! 上來我請你們喝咖啡!」天啊! 是前天遇到的夫妻! 葡萄牙距離台灣一萬多公里,科英布拉距離歐比都什一百多公里,我們在台灣的家距離5公里,真是太有緣了! 在他們邀請下,我們在坐在市政音樂廳外(Auditório Municipal Casa da Música de Óbidos)聊天,開心地分享彼此在國外旅行的體驗與生活觀。聊了近半小時後,他們與司機約好離開的時間到了,我們再度向彼此道別,沒有刻意留下聯絡方式,希望日後也能再續這段緣分。

　　歐比都什白色房子的底部與周圍都滾上水藍色與鵝黃色水泥漆。朋友說這裡與摩洛哥的藍色城市蕭安（Xaouen）一樣美，無獨有偶的是摩洛哥在十五世紀蓋了城堡城牆抵擋葡萄牙入侵，這範圍就是現今的蕭安。兩城都喜愛藍色，不知有沒有相互關聯呢？目前還沒有定論。

　　歐比都什是迪尼斯國王送給當時只有十歲的未婚妻伊莉莎白皇后的禮物，兩人並於七年後在此舉行婚禮，因此被稱為皇后小鎮也稱為婚禮之城，更被稱為全葡萄牙最浪漫的城鎮，然而如此驚人的名氣卻吸引大量觀光人潮，浪漫的滋味早已經被沖淡許多。

　　相傳有一次皇后正準備出門幫助窮人，先生迪尼斯國王問她是不是又帶著麵包出去，皇后將原本掩蓋在披風下的麵包拿出來後變成玫瑰花，國王質疑為什麼一月還會有玫瑰花，但也認了，後人於是稱為玫瑰奇蹟。皇后一生都在幫助窮人，守寡之後也隱居在自己建立的修道院，繼續幫助需要幫助的人，去世後，被教皇封為聖徒——聖伊莉莎白。

　　小鎮的熱鬧應該還要以玫瑰花妝點，較能符合歷史感，只不過當我繞了一圈歐比

都什卻沒有看到玫瑰花，倒是薔薇、紫藤、天竺葵和九重葛種滿多的，或許現在還不是玫瑰產季吧！節慶加上觀光人潮，讓皇后小鎮熱鬧非凡，街道兩旁的商店，有賣可愛小房子、夫妻抱著嬰兒的捏麵人娃娃、十字軍木劍、彩繪陶製生活用品……等，一定有符合觀光客購買需求的商品，還有幾家在賣櫻桃酒。比較特別的是酒用巧克力做成的杯子盛裝，喝完連杯子一起吃下去，很環保！

我們走到街道尾端，稍稍舒緩過多人群的緊張感，原本要進去參觀歐比都什城堡，不過已經改成連鎖旅館堡莎達系列飯店，當初由國營的方式，為的是保存古蹟、增加財源，觀光客有機會住城堡，堪稱一舉數得，但後來變成私有化經營。與 Ben 兩個人走上城牆，打算順著城牆將歐比都什繞一圈，城牆沒有欄杆，行走要小心。站在城牆的制高點，欣賞由紅橘色帽子、潔白衣服、藍黃雙色相間的緞帶所搭配的小鎮，還能看到城外葡萄園的景色，城牆隔開了商業繁華與日常生活。少了一點浪漫味的歐比都什，但名氣帶來的觀光潮，你能說她不對嗎？畢竟我們自己也是其中的浪潮之一。

如果想要更熱鬧的話，每年七月歐比都什會舉辦中世紀博覽會，居民穿上中世紀騎士、巫師服裝，表演音樂、戲劇演出，重現中世紀場景。春夏交替的季節來到此地應該最舒服，觀光人潮不至於太多，天氣舒適，鳥語花香。享受景點該有的空間與尺度，五感皆具。

打開當地人的冰箱

多次長時間的居遊型態，希望以文化體驗、生活得像當地人……當然這是不可能的，無論怎麼樣我們都是觀光客。又如作家韓良憶所言「在世界各地假裝著當地人的日常」。不過開始有了這樣的想法以後，我們不再被景點的包袱所困。

地標、博物館與美術館是用來欣賞過去永恆的景象，菜市場則是文化的有機體，那裡正堆疊著（現在進行式）幾個世紀的生活痕跡，濃縮了當地人的生活習慣，若要感受一個城市的在地文化，非得要去一下菜市場不可。菜市場裡不只有商品，商品的陳列方式、店家招牌樣式、價格告示牌……在在都顯示一個的地方的生活美學。我的想法是，我們很少有機會去開陌生人家裡的冰箱，但可以在菜市場想像看到他們打開冰箱的樣子。從吃的習慣開始，與當地人一起接地氣，了解他們的生活方式，讓旅行更具深層體驗。

我們一直都喜歡在家吃飯，就連出國也是，所以選擇的住宿條件要能使用廚房設備，不過通常網站顯示的資訊很有限，Claire 都會先看過實際的廚房設備再決定購買的食材。我們會在回家以前，去附近市場準備當天晚餐以及隔天的

早餐，用在地食材實際融入當地生活；在家吃還可以任由小小孩到處肆虐。歐洲的餐廳從點餐到上菜約半小時，Lyon目前兩歲還坐不住，再等個一兩年就可以上餐廳了（應該吧）。如果住宿的地方沒有廚房，就簡單準備容易保存與外帶的冷盤、蔬果、起司。我們也曾經買一隻烤雞、蔬菜和水果，就在車上就解決一頓晚餐。

由於通常都是在兩個月前就訂好機票，這段期間會開始了解該國資訊，有哪些當地的家常料理或特別的食材，有時會直接請教攤販推薦買哪種菜、如何烹煮。在菜市場買食材的好處就是，可以跟老闆聊個幾句（雖然在超市我也能聊），縱使語言不同，透過笑容與肢體語言所傳達的人情味，我們就愛這一味。

菜市場裡，還能看到一項相當重要的指標——民生物價指數，在出國前先了解該國國民年均所得，用他們的所得去看市場價格，這樣去推論他們的生活幸福／痛苦指數應該很容易。市場裡賣的，是生活必需品，標籤上寫的價格，對於人民的意義為何？是辛勤工作後的一籃豐盛的晚餐備料，或者僅只是一頓用來填飽肚子的食物。

　　如果菜市場裡還有鮮花可以買，那是關於飲食的精神層次。將蔬果肉類裝袋之後，手上還能預留一些空間，把市場裡一束一束鮮花帶回家中，完成五感的最後一塊拼圖──視覺饗宴。肚子餓了，不是只有忙著煮菜、吃飯而已。當生活有了餘裕，會將味覺轉往視覺發展，食物被以藝術的形態擺放，餐盤間妝點著市場帶回的鮮嫩花朵，美好生活從餐桌上綻放。

我一直都喜歡有河流的城市，
水有多種型態存在於環境中：
調節氣候的水氣、水流的聲音、
水分子的味道、波光粼粼的水
波……河水本順著大自然的運
作，自顧自地靜靜流向大海，
唯有遇到人類所居之處，才會
改變它的本質。懂得照顧河流
的城市，就等於拿到了偉大城
市的門票。

Chapter 5

北部大區
Região do Norte

皇家村
Vila Real

自從迪尼斯國王命名為皇家村以來，這裡就是皇室貴族喜歡住的區域，造訪此地怎能不入住他們的豪宅呢？整趟葡萄牙總共預定了19間不同民宿、旅館，然而卻在前一天發現沒訂到隔天的住宿。趕緊上訂房網站，幸運訂到理想的落腳處。

　　我們居住在占地十多公頃的勒瓦達農莊旅館（Casa Agrícola da Levada），緊鄰科勒戈河（Corgo），是一座追求自然與生態平衡的旅館，食材大部分都自給自足。雖是20世紀初期才建成，不過建築形式與建材的選擇，都相當講究，像是18世紀完工。我們這棟建築今天好似只有我們這一組房客，側邊院子裡，有一間小木屋，裡頭有各種玩具，外頭還吊著一隻用廢棄輪胎做成的盪鞦韆。孩子們玩起辦家家酒，不亦樂乎！「屋主平時住在二樓，上面有祈禱室，可惜他們這段期間外出，不然是可以參觀的。」接待人員說。

　　一早和 Ben 依照園區的探索地圖，騎著民宿提供的腳踏車，下切到河谷水岸邊，沿路的菜園、果園、還有太陽能源都是供應給旅館。河流清澈見底、岸邊長滿水芹菜，我伸手摘了一根、試了一口，味道非常新鮮。Ben 則伸手舀水，河水十分沁涼，從他在大自然中得到滿足的表情，我也感到喜悅。

　　回到莊園用早餐，原本以為入住的房客不多，但餐廳至少坐了十組房客，應該都是從莊園的其他棟而來。餐點樣式多，並且都是現做的（自己 DIY 榨果汁），昨天就看見他們在廚房做磅蛋糕。我們選擇在餐廳外的院子用早餐，孩子還可以繼續玩辦家家酒。清晨的暖陽穿過涼意，葉子上的寒氣凝結成晶瑩剔透的露珠，美好的早晨時光。

皇家村區域也生產葡萄酒，其中以距離三公里外的馬特烏斯宮（Casa de Mateus）所生產的品牌 Mateus Rosé 最知名，小鎮上的商店都買得到。這座建於 18 世紀的巴洛克風格建築，擁有絢麗的園林與季節性花圃，頗具詩情畫意，是葡萄牙最為人熟知的宮殿莊園，只要付偏高的票價就可以參觀。

身處於群山環繞、依河水而居的小鎮，街道上有數家童裝店，銷售的類型都是屬於紳士淑女款，與鎮上氣質相符合。部分民房外牆飾有盾形家徽，顯示傳承自幾個世紀以來的榮耀與血統。位於 Combatentes da Grande Guerra 路的小廣場，17 世紀建成的巴洛克式聖保羅教堂（Igreja de S. Paulo），外觀以植物元素為裝飾，內部拱頂使用玫瑰色花岡岩做為拱肋，相當特別！鍍金的祭壇讓教堂顯得更有神聖的光輝，是一座小而美的教堂。不過，可別以為小鎮出身非凡、肯定養尊處優，這裡可是葡萄牙最早發展街道賽車的城市，從 1926 年開始舉辦第一屆賽車，長年舉辦林林總總的國際賽事，賽道名稱為 Vila Real Circuit。我們開車在主要賽道兩旁，還看得到常設的賽事護欄與紅綠白三色路緣石，路旁販賣手工藝品的藝術家說這裡再過幾天就要舉辦世界房車錦標賽 WTCC/WTCR，先來卡個好位置。

　　站在科勒戈河橋上，俯瞰流經至此的科勒戈河深河谷地形，涵養豐沛水氣、生態豐富，城市自然景觀怡人，沿河谷陡坡而築的石造房屋，像是史前人類的聚落，我唯一的疑問是，怎麼會在這座主要聯外橋梁用紅色H型鋼構來做為護欄呢？

　　最後我忘了提一件事，我們兩大兩小入宿的農莊（莊園）民宿，房間內有一張單人床、一張嬰兒床、兩張大雙人床、獨立廚房、獨立衛浴、古董家具、掛毯以及隔天豐盛早餐，一共68歐元（2018）。我還能說什麼！

阿馬蘭蒂

Amarante

聖貢薩洛（São Gonçalo）幾乎可以代表這個美麗小鎮的歷史。13世紀中期，本篤會的教徒聖貢薩洛到這裡修行、奉獻、傳福音，在塔梅加河（Támega）上修築羅馬橋，也就是聖貢薩洛橋，過世後安葬在其修行的修道院裡，此後成為阿馬蘭蒂守護神。

　　每年到了一月和六月，在葡萄牙北部的城市都會慶祝以聖貢薩洛為名的節慶（São Gonçalo festival），這期間城裡的麵包店與攤販，都會販賣一種以男性生殖器做為造型的「陰莖麵包」，我查證了幾個說法，但對我來說都不夠有說服力。特殊造型麵包做法很簡單，通常會先將烤好的麵包裹上一層厚厚的糖水，再撒上白色糖粉，以確保口感良好，類似義大利杏仁餅。據說這款麵包象徵著生命與生育，男生會用這條麵包代替玫瑰向女生告白，女生會吃它求好姻緣，已婚婦女吃它求好孕，那麼男人吃了會？

不過我們於五月中造訪北部地區，在一些城市刻意要找它的芳蹤，想要見識這款會讓人肅然起敬的麵包，居然連一個都沒看到！ 莫非要等到節慶期間才會大舉出籠嗎？ 聽居民說這寶貝也並非一直都能這麼大喇喇地擺出來，在葡萄牙獨裁統治期間（1926 ～ 1974），這擁有700百年歷史的傳統美食被認為淫穢、違反公共道德，因此被禁止販售。不過阿馬蘭蒂人民不願放棄傳統，麵包店偷偷地製作、有情人偷偷拿給心儀對象。當1974年獨裁政權垮台後，這寶貝終於能正大光明擺出來讓人家選擇了。

　　當然，阿馬蘭蒂不是只有特殊造型麵包，周圍環繞著塔梅加河，有河流的環境總讓人感到充滿靈氣，是歷史與自然的完美結合。阿馬蘭蒂範圍不大，約莫兩個小時可走完。塔梅加河上的聖貢薩洛橋，中世紀就已經存在，我們走到橋底下，沿著河邊散步，閃躲鴨便便，欣賞橋梁因河面倒影所畫出來的兩個完美的圓，原來風景也是能傳承的。

　　橋面上，過去乘載著馬車，每部都有好幾匹馬，現在則承載著每部都上百匹馬力的車流。從橋面進入舊城中心，首先會看到巴洛克式的聖貢薩洛教堂（Igreja de São Gonçalo），內部主要祭壇皆飾以鍍金，使聖母與聖人的神聖光輝在經過千百年後，彷彿仍不停地閃耀著。我看見一位母親在祭壇前一座潔白

垂憐的聖母像下落淚，她要求她的女兒為她與聖母像合照。在祭壇前，人往往會將自己內心脆弱的一面，毫無保留地展現出來，冀以傾吐情緒與寄託希望。教堂後方為改建後的文藝復興時期修道院，其中有一部分空間做為博物館使用，主要展示在阿馬蘭蒂土生土長的藝術家德索薩‧卡多索（Amadeo de Souza-Cardoso）的立體派和前衛作品。

事後回想造訪過的葡萄牙城市，阿馬蘭蒂的景色經常出現在腦海裡，比起其他城市，其實它並沒有很特別，但或許是那份靜謐、純樸而內斂的模樣，讓人再三回味。若有機會再造訪，我們會划著獨木舟穿過聖貢薩洛橋，去跟鴨子們打聲招呼。

八角形的教堂空間裡有一座石棺，上頭雕刻著杜阿勒特國王（Duarte I）與王后，他們手握著手，象徵天長地久、至死不渝，歇息在銀河星空之下。雖是未完工的教堂，單是從七根比例巨大的支撐柱來看，可以想像建築師原本的藍圖肯定直接上達天聽了。

國王若昂一世在1385年葡萄牙最重要的戰役之一Aljubarrota戰役中，祈禱聖母能保佑他擊敗卡斯蒂利亞王國，確保葡萄牙獨立。在順利贏得戰爭後，國王為感謝聖母護佑而興建巴塔利亞修道院，葡萄牙文的巴塔利亞（Batalha）就是戰爭的意思。建造工程從1386年開始，歷經七位國王、15位建築師，一百多年才完工；建築也歷經哥德式、文藝復興與曼努埃爾式不同時期的風格。主教堂外牆頂端有飛扶壁，用來承接拱頂所產生的側推力，使教堂更堅固，這種工法在其他歐洲國家很常見，但在葡萄牙並不多見。

「哇！哇……」來自不同國家的旅人們，不約而同發出讚嘆。曼奴埃爾式的極致建築美學令人屏息。這獨有的建築風格，出了葡萄牙可就看不到了。至於創始人教堂（Capela do Fundador），則是葡萄牙第一座皇家萬神殿，獨特的八角型空間，創造出星形拱頂，陽光穿透八面彩色玻璃，射出瑰麗光線，灑落在若昂一世（João I）和菲莉帕（Filipa）女王的陵墓，孩子們則葬在靠牆的陵墓中。神聖而奪目的靜謐空間，會是在塑造天國的景象嗎？

吉馬朗依什
Guimarães

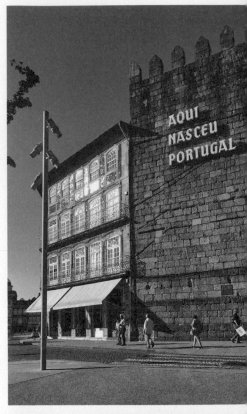

國王阿方索·亨利克大道（Av. Dom Afonso Henriques）盡頭的城牆上寫著「Aqui Nasceu Portugal（葡萄牙由此誕生）」，提醒著這裡是葡萄牙第一位國王的出生地（1110～1185）。年僅18歲的阿方索率軍戰勝由母親所領導的萊昂與卡斯蒂利亞軍隊，於1139年宣布獨立，並選擇故鄉吉馬朗依什做為葡萄牙首都。

從「葡萄牙由此誕生」旁邊的廣場（Largo do Toural）進入，15～17世紀發展而成的長方形建築群，白色的窗花與鑄鐵欄杆，形式一致，再搭配些許瑰麗的花磚，雖經過數百年的風霜，仍不減其散發的典雅與高貴。在主要觀光區走了一大圈，與葡萄牙其他城市比起來，很少見到牆面斑駁、破舊的房屋、街道乾淨整齊、好車比例高，此地的氛圍讓人感到高貴與富裕。

此時我隱約聽到敲打鐵聲，循著聲音走到一家打鐵鋪，小小的店裡製造各種厚重的門環、鑰匙、徽章，這個聲音讓我馬上回到中古世紀，遙想當時只有鐵器、石材、木材與織品的自然生活。

奧利維拉廣場（Largo da Oliveira）是吉馬朗依什的歷史中心，顧名思義是以廣場中的老橄欖樹

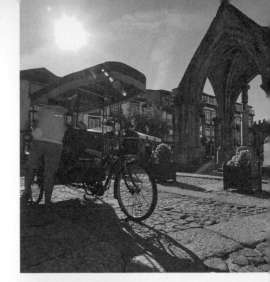

為名，周圍的房屋有粗獷的石柱迴廊，而無論是迴廊、教堂或者布拉甘薩公爵府邸（Paço dos Duques de Bragança），天花板大部分以木材貼覆，算是此地區的建築特色。

教堂前形式獨特的尖頂涼亭（Padrão do Salado），是為了紀念1340年葡萄牙國王阿方索四世和卡斯蒂利亞王國在薩拉多戰役中擊敗摩爾人，卡斯蒂利亞王國所致贈的勝利紀念碑。歷史讀到這裡又令人迷糊了，在兩百年前阿方索一世對抗她母親所屬的卡斯蒂利亞王國，怎麼他的曾孫會聯手曾經的敵人呢？又如1808年法國拿破崙率兵攻打葡萄牙與西班牙（雖然起因是為了切斷英國與歐洲大陸的貿易），想要一舉拿下伊比利半島，又稱為半島戰爭（1808～1814）。又再過了一百年後的第一次世界大戰，葡萄牙加入英法等聯軍，共同對抗同盟國。歷史演進，一言難盡，有人說「人類的歷史就是一部戰爭史」，說的有道理，因為萬物只有人類會將歷史記錄下來。

在吉馬朗依什城堡與布拉甘薩公爵府邸中間，有一間小型不起眼的羅馬式教堂（Nossa Senhora da Oliveira），是阿方

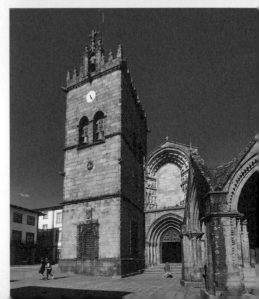

索一世受洗的地方。擁有光榮歷史的吉馬朗依什不光只是國王的誕生地，保存完整的中世紀建築與歷史在 2001 年列入世界遺產，在 2012 年被歐盟推選為歐洲文化之都，也是 2018 世界拉力錦標賽的起點。

在整理景點資訊的過程中，很快就發現葡萄牙與大多數歐洲國家一樣，堆疊了非常豐厚的歷史，常常耗費許多時間獲取資訊。查詢維基百科時，我會試著切換不同語言，這樣蒐集、比對起來的史料會比較客觀，例如雖為同一場戰役，但打贏的跟打輸的一方，陳述角度就不同。在《如何閱讀一本書》中提到：「雖然一個好的歷史學家不會編造過去，但一定要在許多事件中找出一個共通的模式，一套理論或哲學，編撰出適合他理論的歷史。或者，他會放棄任何模式，強調只是在如實報導所發生過的事件，換句話說，歷史根本沒有模式可循。」

雖然不讀歷史照樣也能旅行，只是感覺缺少了那麼一點靈魂。就當成在讀小說，或者當作景點的催化劑吧！

布拉加

Braga

布拉加是葡萄牙第三大城市，也是我心目中最美的葡萄牙城市。一千多年前羅馬時期就已有完整的都市街道規劃，到了近代加入符合當前生活習慣的設施，有現代、有古代，融合得十分恰當。街道上紅色旗幟寫 Reviver Bracara Augusta（復興布拉卡拉奧古斯塔），原來是每年五月會舉辦盛大的慶祝活動，全部仿造古羅馬時期的服裝、競技場表演、雜耍⋯⋯等，重現古羅馬時期的生活，以慶祝這個被稱為葡萄牙最羅馬人的城市。

而為了因應 2018 歐洲運動之城（Braga 2018 Cidade Europeia do Desporto）的活動，以紅色與白色兩種顏色做為城市的主視覺。紅色很輕易地就可以聯想到象徵羅馬人的傳統服裝與士兵的披風，好的城市與建築是可以代代相傳的，造訪羅馬時期建築就可以了解。

寬敞、整齊有序，都市規劃尺度大器。廣闊的自由大道（Avenida da Liberdade）上，種滿開花植物。大道開端的白色醒目

建築，牆上寶藍色Tourist字樣，是旅客服務中心。
身穿紅衣、手拿紅傘的妙齡女子，向路人發送導覽
地圖並且有免費導覽城市的服務。我沒有前去尋求
導覽的答案很簡單，身邊的家人需要我的服務。

　共和廣場中央有座維安娜噴泉，當地人習慣將
廣場直接稱為Vianna。廣場上的長型拱廊建築
群裡，有這座城市最古老的咖啡館維安娜咖啡館
（Café Vianna），自1858年開業以來，一直是居
民和遊客的主要聚集點。隔一條街，還有一家與
里斯本同名的巴西人咖啡館，建築形式比維安娜
咖啡館更有歷史感。

　廣場西側聳立著保存完整的布拉加塔樓（Castelo
de Braga），進入內部有一系列城市發展史的免費展
覽，一直到四樓，也可飽覽舊城風景。周圍環繞
著各種時期的宏偉建築，定義了這座城市的悠久歷
史。巷弄間的民宅都有自己的個性，家家戶戶立面
都不相同，比起現代化集合住宅都穿制服，賞心
悅目多了。

　美與醜，絕對不是見人見智，而是有規則可循。布拉加的廣場整體來說，是
我覺得葡萄牙最好的廣場。

　和阿馬蘭蒂一樣，布拉加也會慶祝聖貢薩洛節，單身的女子若想找到如意郎
君，也會服用「陰莖麵包」來增加桃花運，男子則用這款陰莖麵包代替鮮花，向
心儀的對象告白（這算性暗示嗎？）。我們也在城市的麵包店仔細搜尋，想要一
親芳澤，結果也沒有店家賣，算是本次旅行最大的遺憾。

東邊郊區有壯觀的山上仁慈耶穌朝聖所(Bom Jesus do Monte)，巴洛克式的多層階梯平台，如同拉梅構鎮上的聖母救世主避難所，2019年獲選為聯合國教科文組織世界遺產，而且真的比較仁慈，因為還附設有登山纜車。

韋加村
Vilar da Veiga

葡萄牙北方有一條筆直狹長的山谷，橫跨葡萄牙與
西班牙兩國，兩條河流匯集成湖泊。查了資料是
占地廣達七萬頃的沛內達傑雷斯國家公園（Parque
Nacional da Peneda-Gerês）。景色太美了。位於
國家公園境內的韋加村，距離布拉加50分鐘車程，
這裡的山區基本上都是花崗岩，在高海拔地區可以
看到過去受到冰河時期影響的地形。

　　早晨自己出門開車遊湖，原本計畫大約只要半小時，但從柏油路開到路況非
常差的花崗岩碎石路，崎嶇道路又非常貼近湖面的，過程非常驚險，最後總計
一個多小時才回到旅館，差點以為自己回不去了，不過也剛好將湖泊完整地繞
行了一圈。

　　Check out之後，前往期待已久的Praia de Alqueirão湖邊，就是被這裡的
景色吸引來的，看到實景，突然覺得用「風景秀麗，如詩如畫」這個形容詞有
點過時了，可是又一時詞窮。我們付了15歐租借一台全時人力驅動船，阿姨說
可以玩一小時，但後來又補一句：目前是淡季，要玩多久都沒關係啦！我們一
家四口奮力踩著藍寶堅尼造型的水車經過橋墩下，才回憶起旅館牆壁掛著當時
蓋水壩的施工照片。事實上，這個湖泊並非天然的，而是因為下游在1950年
代築起水壩，此區域為集水區，河面水位上漲而形成。所有低於水壩高度的樹
木都砍除、房子的屋頂與門窗也都被移除（避免造成水庫淤塞），當聯外橋梁與
水壩在1955年完工後，開始蓄水，過往人類足跡全被水塵封起來。

　　我們正在距離湖底70公尺高的地方踩水車,心想如果潛到湖底,應該還能看到照片上的幾間房子與兩座橋梁吧!繞行湖泊四十分鐘左右,被體感溫度37度的強烈陽光提早趕回岸邊,改去離船碼頭不到兩分鐘的沙灘玩水。雙腳踩在純淨如鏡的美麗湖泊,身體突然不適應,原本以為會是細質柔軟的沙灘,沒想到卻是粗硬的花崗岩石礫。游在大約14度左右的湖水裡,還是冷吱吱,可以想像等到夏天熱浪來襲時,這裡會有多熱鬧。此處的視野可以一直延伸至V型山脈峽谷的頂端,那裡有歷經冰河時期的證據,也是葡萄牙最具原始自然景觀、歷史與生物的第一個國家公園保護區。

利馬橋
Ponte de Lima

將車停在利馬河（Rio Lima）岸的遼闊沙地，此處平常是免費停車場，每個月則有兩個星期一做為露天市集使用，市集隨著利馬在十二世紀建立就開始至今，是葡萄牙最古老的小鎮之一。Ponte de Lima 顧名思義就是利馬橋，從古羅馬奧古斯都大帝開始就是重要的定居點。

我一直都喜歡有河流的城市，水有多種型態存在於環境中：調節氣候的水氣、水流的聲音、水分子的味道、波光粼粼的水波……。水是孕育萬物的必要條件，也是城市的靈魂所在，高雄愛河、台北淡水河、巴黎塞納河以及倫敦泰晤士河，不過所舉例的這幾條河，剛好都有臭氣沖天的過去。河水本順著大自然的運作，自顧自地靜靜流向大海，唯有遇到人類所居之處，才會改變它的本質。懂得照顧河流的城市，就等於拿到了偉大城市的門票。

　　僅存的兩座中世紀塔樓，過去做為監獄使用，現在改裝為遊客中心（Turismo de Ponte de Lima），內部可以通往塔樓參觀，造訪時參觀時間即將打烊，無法開放。我拿了幾本設計精美的旅遊手冊，得知範圍不大的利馬就有幾處國際級的花園，是葡萄牙最「花」的城市。此外，已知世界上最古老的馬品種「盧西塔諾」（Lusitano）來自這個區域，可追溯到西元前2000年。2000年前的希臘人和羅馬人認為牠是最好的戰馬，也因此利馬是葡萄牙馬術活動發展最佳的地方。盧西塔諾的名字來自羅馬的盧西塔尼亞，這也是葡萄牙過去的名字。以遊客中心來說，雖然利馬只是四萬多人的小城鎮，但提供的服務非常細微，市政府官網、廣告文宣美感極佳，分布在城鎮裡景點皆說明的很仔細。

　　漫步利馬橋城中，不斷聽到中世紀音樂迴盪在空氣中，原來這音樂躲在古典造型的路燈裡，悄悄地以音樂做為媒介，

在旅人的腦海裡塑造歷史悠久的印象。城鎮的建築屬於奶油白色系，不過街道上的椅子、花盆、電話亭乃至屋頂皆為鮮紅色，剛好與古羅馬人的服飾相呼應，應是經過思量的配色。葡萄牙北部地區的幾個城市，如利馬橋、布拉加、維亞娜堡、卡米尼亞……等，都有著中世紀甚至更古老的歷史，也仍然具有優雅的氣息，只不過

在電腦前打字的我，還無法拼湊出彼此間的相似之處。

　　從舊城區逛到中世紀的利馬橋中央（Ponte Medieval sobre o Rio Lima），欣賞純淨自然、生態豐富的利馬河，清澈見底的河流，迷人不已，彷彿看清事物的本質而感到愉悅。大白天就有蛙鳴聲，幾艘西式划船來回快速地劃過平靜的河面。河岸北側密集的樹林裡，分布著三座占地廣大的國際級花園。走到橋的盡頭，有一座聖雅各（Saint James the Greater）石雕，上面寫著Bom Caminho，這是祝福前往聖地牙哥孔波斯特拉（Santiago de Compostela）教堂朝聖者旅途平安的意思。

　　在葡萄牙境內，有三條通往北方西班牙境內的聖地牙哥孔波斯特拉教堂的「聖地牙哥之路」（Camino de Santiago），分別為內部、北方、中央路線，由於是從葡萄牙出發，所以又稱為葡萄牙

之路（Camino Portugués）。聖地牙哥之路起源於耶穌的十二門徒之一的聖雅各在西元34年傳教時，被視為異教徒而遭斬首，隨行的兩位門徒將祂的遺體運回西班牙埋葬。在被遺忘了八個世紀後，聖雅各之墓再度被發現。

關於耶穌的相關遺物，也就是聖物，在以信仰耶穌的歐洲來說，是至高無上的神聖，各教堂無不以擁有一件聖物為自豪，更何況是發現了一整座聖墓。基於虔誠的信仰，信徒們在聖墓的基礎上建造了聖地牙哥孔波斯特拉大教堂，得知此消息的基督徒們從各地湧入，時至今日，高漲的人氣已與羅馬、耶路撒冷等地同被視為為聖地。

大城市如里斯本、波勒多、布拉加、科英布拉……等，往朝聖路線會經過的城市，很容易看到扇貝形狀的標示，有些是銅製，有些則刻在木頭或石頭上，有些則以黃色箭頭標誌，為朝聖者指引前往聖地的方向。朝聖的方式分為三種：步行、騎馬、自行車。步行必須至少走100公里，騎自行車至少需200公里到聖地牙哥才有資格拿到證書，每年有超過20萬人完成朝聖之旅。環葡期

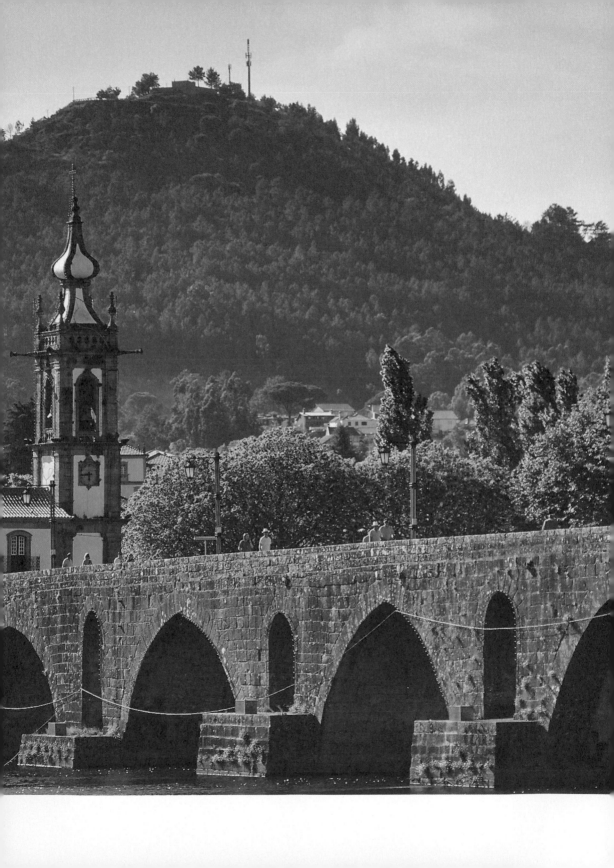

間，滿常看到滿臉風霜、背著行囊的朝聖者，通常都是兩個人，有時會看到一個人獨自走在路上，那種長時間在異地與自己對話、探索自我的行程，是有妻小的我不敢想像的，唯一可以想像的就是我們一家四口走在這條1200年的朝聖路上，一起完成朝聖。呃……不，這個想法太恐怖了。

再次回顧夕陽下那豐饒墨綠、青蔥蓊鬱的利馬河畔，做為一個自然環境的愛好者，我又後悔沒在這裡多停留一天。

卡米尼亞
Caminha

行前就知道葡萄牙的極限運動賽事很出名：紅牛跳水比賽、衝浪比賽、飛行大賽、拉力賽、快艇賽……，在規劃行程時，特別搜尋相關訊息，看有沒有機會遇到。剛好在安排的日期與地區有世界拉力錦標賽（WRC）。當行程實際跑到皇家村與吉馬朗依什時，看到賽事工作員人正在布置場地，那時就想如果真的能看到賽車在路上跑的話，那就太幸運了！

造訪葡萄牙最西北方的城鎮卡米尼亞，那天晚上再次查詢拉力賽的行程，確定隔天會遇到WRC的第一站賽事。隔天早上在民宿用餐時，臨桌的兩對夫妻，同為聖地牙哥之路的朝聖者，一對加州夫妻說他們是第二次朝聖，被問到為什麼要朝聖，「我們在長途朝聖的路程中，發現自己。」加州夫妻回答。兩對夫妻聊了約二十分鐘後，加州夫妻送一只幸運物給對方，擁抱並互祝Bom Caminho，我則趕緊拿起手機偷偷地幫他們拍下擁抱的時刻，因為我知道道別後，再有緣也很難再相聚了，這段故事將由三方各自傳頌下去。

離開民宿後，我們開車前往與西班牙對望的米紐河（Minho），正在將車停在魚市場前的停車格，

以便進到主要鐘塔廣場（Torre do Relógio）參觀時，有位女士好意地說這裡只能臨停15分鐘，而當我要倒車要移開的時候，一位阿伯叫我趕快將車往前開。我聽到逐漸靠近的賽車聲，瞥見後照鏡有輛賽車開過，終於看到世界拉力賽車本尊了！

　　雖然早已知道會有賽事，但在這麼純樸的鄉鎮街道上看見，而且沒有任何護欄或防護措施，還是覺得不可思議。帶著兩個對車都很有興趣的男童，快步跑去看，這是非常難得的戶外教學，而就在我們看得入迷的時候，前方兩位老師帶著一群約二十位穿著整齊的幼兒園小朋友，依序坐下，不會吧？！竟然是要在這裡看賽車，而且老師還說等一下要喊大聲一點（我猜的）。從小就接觸極限運動，依我的觀點來看，對身體感官有正面的幫助，身心靈都知道何謂極限、極限為何。

　　葡萄牙的風景地區，比如懸崖峭壁、高山峻嶺、運河邊……，都鮮少設置護欄，頂多只是警告標誌或簡易欄杆，他們應該從小就習慣接觸所謂的「風險」，勇於冒險、接受風險、承擔風險，一如祖先探索無邊無際的海洋，而非像台灣現今保護過度的生長環境與教育制度，雖然表面上減少產生風險，相對地也扼殺探索勇氣，保護到孩子變得笨手笨腳。有人說過度保護是一種柔性虐待，身為父母的我們還在學習如何謹慎拿捏。

　　卡米尼亞寬闊的河口沙洲，對面那座倒映在沙洲上的山頭，是西班牙領土。傳統漁業依舊是此地主要經濟命脈之一，沙洲上停放了許多艘漁船可以證明。走到鐘塔前的噴泉廣場，遮陽傘與藤編鋁椅儼然已經是歐洲廣場的標準配備了，一對老夫妻看了我們，似乎在暗示我們何不停歇腳步坐一下呢？剛好Ben也內急，借人家廁

所，消費一下也是很合理的。點一杯Galão，孩子則跑去追逐鴿子，城內並沒有特別的景點，在啜飲一口咖啡後，想起那些知名的觀光城市，有些已經是觀光癌末期了，此時寧靜低調的存在，反倒能紓緩旅行步伐。未被發現的美好，更為美好。

　將車開往卡米尼亞高處的觀景台（Miradouro da Fraga），有壯闊的米紐河沙洲景色，還有占地廣大的自然保護區，全都盡收眼底，出海口有一座小島Ínsua，是用來防禦海盜的星形工事城堡，已荒廢多年，目前正由葡萄牙政府公開招標，等有緣人來改造它。此時發現有三位十多歲的年輕男女，早已跨坐在古老石砌牆上多時，見到我這個老外來，不免好奇而交頭接耳，看來這裡不只能欣賞美麗的景色，也是培養感情的好地方。

　　當晚在民宿電視上看到回顧 WRC 的影片才知道，葡萄牙在 30 年前就開始舉辦 WRC，當初那些幼兒園老師帶去看賽車的小小孩們，有可能會在今天下場比賽嗎？

維亞納堡

Viana do Castelo

這一天行程剛好都跟著拉力賽,來到第二站維亞納堡,當我們以為在卡米尼亞看到幼兒園老師帶小孩去為拉力賽加油只是特例時,這裡的老師讓孩子們坐在離賽車不到一公尺的筆直街道上,當然沒有護欄圍著。老師是如何讓孩子坐好而且不會跑出去呢?!這是我最好奇的。

Ben會記得(Lyon應該不記得)他們距離驚濤駭浪的懸崖只有幾公分的距離,以及好多賽車在他們伸手就可以摸到的距離飛馳而過,了解危險與風險的界線,了解自我約束與風險控管的重要性,擴大生活視野還有探索未知領域的勇氣。

葡萄牙幾乎每個城鎮都有一座共和廣場(Praça da República),來紀念1891年1月31日起義的

重要性。起義雖以失敗告終，但人們對君主制已經失去信心。1910年10月，共和派以革命的方式推翻君主制，建立第一共和國時期（1910-1926）。

　　然而，事與願違，迎來的共和制不僅沒有帶來美好與和平，反而造成政黨惡鬥與社會動盪。各黨各派理念不合，人民與經濟成為政治鬥爭下的陪葬品。人民憤而將希望放在無黨無派的獨裁專制上，也就進入軍事獨裁時期（1926-1933）。同樣地，歷史又再重演，權力掌握在軍人手裡時，他們用鐵腕管控社會秩序，你能期望每天使用槍砲彈藥的團體給你什麼和平呢？國家持續惡化，軍方想出辦法，在1928年招攬科英布拉大學教經濟學的薩拉查教授入閣，經濟問題在短期間內是解決了，沒想到卻製造了更大的問題，教授原來也是獨裁者，薩拉查禁止任何政黨活動、充分控制新聞媒體、想盡辦法創造個人聲望，葡萄牙自此進入西歐最長的獨裁統治，也就是第二共和國時期（1933-1974）。

　　以共和廣場為主要歷史中心，有一座供應幾世紀居民飲用水的噴泉，老市政廳（Antigos Paços do Concelho）的壁緣有卡拉維爾式帆船、渾天儀與國旗；慈悲教堂（Igreja da Misericordia）以前曾是窮人醫院，立面2～3樓的每一根花崗岩立柱為不同人物造型的雕刻，像是嘉莉雅泰德柱（Caryatids），此形式在葡萄牙並不多見。

　　維亞納堡過去也是大航海時期主要的港口之一，帶來為數可觀的財富，之後更是捕撈鱈魚的主要港口，因而比起其他沿海城市來說，更為富裕。走在大街小巷間，幾乎看不到外牆斑駁破舊的房屋，應該是拜富裕的市政府所賜。

　有一點令我非常訝異的是，並非一線城市的維亞納堡，在碼頭邊有四座建築大師的作品，分別是西塞·維埃拉（Álvaro Siza Vieira）設計的圖書館（Biblioteca）、蘇托·德·莫拉設計的維亞堡文化中心（Centro Cultural de Viana do Castelo），塔沃拉（Fernando Távora）設計的自由廣場（Praça da Liberdade），以及利馬河上艾菲爾（Alexandre Gustave Eiffel）設計的鐵橋，和波勒多一樣，也是上層汽車、下層火車的雙層設計，值得建築迷特地從熱門的波勒多來訪，車程才一小時。

　這座城市的女性比例很高，應該有6.5比3.5（別問我怎麼統計的），女性穿著的服飾顏色亮麗且有自信，以紅色比例居高。共和廣場的服裝博物館（Museu do Traje），展示維亞納區的傳統服裝，本地出產的羊毛與亞麻織品、精緻繁複的刺繡與佩帶在身上的黃金飾品，均是此地珍貴的手工藝，承襲過去嚴謹細節傳統延續至現今。從現場展示的傳統服飾與紀錄照片來看，女性服裝以紅白配色為主，此時我有了答案，原來在街頭常能看見女性穿著紅色衣服，是深受過去傳統的影響。帶著好奇，我問美術館的導覽員為什麼這個城市女性比較多？她看了身旁的兩位女同事笑著說她也不知道。對了！連接待櫃檯也是大紅色的。

共和廣場周圍的巷弄裡，每10公尺的間距就會有一處綠意盎然的花藝造景，植物生命力強韌。格蘭德街（R. Grande）則在天際線掛滿彩色陽傘，一陣強光而下，巷弄變得十分斑斕，是近幾年頗為流行的裝置藝術，台灣也有跟上腳步。走沒多久，瞥見豎立在巷口的立牌才曉得，我們剛好遇到維安娜堡一年一度的花藝比賽（Florir Viana）。居民或店家以鮮花植物，將自家門口、陽台或者窗戶打造成美麗的風景參賽。 比賽期間為期一個月，參賽者可以更換自然或天然乾燥的植物和花卉，就是不能使用人造物。居民上下一心，將建築與花卉植物結合，提升城市的美學和環境，是非常好的良性競爭。

在得知紡織是此地珍貴的手工藝後，就在街頭尋找紀念品，我們鑽進巷弄裡，一家商店裡頭有位阿姨正在用裁縫機製作織品，是女店員的媽媽，自產自銷，就這一家了！挑選了幾款亞麻蕾絲布，四個邊角有布結可以扣成布籃，非常適合放麵包，為餐桌增添氣氛。

不管從城市的任何一個地方，都能清楚看到聳立在山頭的聖塔盧西亞聖殿（Santuário de Santa Luzia），巨型的圓形玻璃花窗，是歐洲第二大。上山可以選擇搭乘纜車或者開車，原本要開車帶著已經熟睡的孩子們上山，無奈因為拉力賽管制，無法開車上山而作罷。 還好旅行時都會準備一份「下次旅行清單」，將維亞納堡列入，下次再來玩就不會遺憾了。

在葡萄牙繞行一圈之後，覺得葡萄牙北部較為女性化，城市氛圍比較柔和細膩，建築、路燈、窗花、欄杆，屋況外觀比起中南部好很多，比較少有傾頹殘破的現象。其中最大的原因應該是北部擁有豐饒的土地，葡萄牙作家何塞·奧古斯托·維埃拉（José Augusto Vieira）在他的浪漫作品《米尼奧如畫》（O Minho pittoresco）裡寫道：「米尼奧！葡萄牙的花園！」南部或許是過去曾受阿拉伯與羅馬文化的影響較深，加上長年的戰爭，大地較為乾旱且充滿巨大岩石，整體屬於剛毅與男性化，這也是深入行腳葡萄牙所發現特別之處。

計畫只待一個多小時的城市，變成半天都不夠。旅行就是這樣，因為充滿變數，又或者是我們可以運用這些變數，進而創造旅行的溢價呢？

孔傑鎮
Vila do Conde

位於波勒多北方的孔傑鎮（又稱伯爵鎮），過去也曾是航海發展重鎮，比較少被旅人關注，只需半小時車程，就能欣賞保存完整的聖克拉拉渡水道橋（Aqueducto de Santa Clara），將水從北方10公里外的特羅索（Terroso）送到聖克拉拉修道院（Convento de Santa Clara），由999個拱門組成，沿著公路開在它旁邊，十分壯觀，而且以近400歲的高齡來說，它算保養得很好。

恰巧遇到每星期五的市集，除了蔬果、麵包、肉類等農產品之外，各種生活雜貨應有盡有。市場的中心是一座花崗岩砌成的圓形噴泉，有八個水槽出口，應該是過去用來供應市場用水以及民生的設備。修剪得宜且高度參天的楓樹，密集地聳立在市場，將濱海強烈的陽光變成人們可以接受的舒適涼蔭，微風穿透其間，盤踞在樹下的攤販或是逛街消費的客人，身心都能得到舒緩，不疾不徐地完成交易（當然也包括閒話家常）。想想還沒發明電風扇前的年代，先人也是取自大自然去克服熱浪的問題。

　　雖說目前葡萄牙森林分布面積廣，不過根據新里斯本大學的一份資料報告指出，在15世紀大航海時期因為造船的需求，砍伐了非常多的樹木，甚至從北歐與殖民地馬德拉、巴西進口木材，直到19世紀中期才開始進行大規模森林復育與造林。記得國小課本讀過一句話「前人種樹、後人乘涼」，人類的歸處，終將塵落自然，有人甚至還需選一處風景優美的地方，那麼何不現在就將樹種好，世世代代都能受益呢？

　　在葡萄牙常會看到荒廢的城堡，有的座落在城市熱鬧地區，更多的是在郊外，心裡不免為它們遭遺棄覺得惋惜。誕生於14世紀初期的聖克拉拉修道院是我們看過最靠市中心、量體最大的荒廢物業，哥德式建築的外觀讓它穩穩地站在孔傑鎮的高處。目前葡萄牙政府正在進行復興計劃，向私人投資者出租包括堡壘、城堡和皇家宮殿在內的廢棄遺產建築，租約可長達50年，聖克拉拉修道院就是其中之一。由於葡萄牙的遺產實在太多，這些物業長期被忽視和缺乏維護，政府與民間都不忍眼睜睜地看這些曾經有過輝煌歷史的建物，變成風中殘燭。政府的目標是恢復和保護這些建築物，而投資者可以將建築物變成旅館和餐館，或其他旅遊相關的商業活動。

　　私人投資者不是擁有整個物業，而是透過承租的方式經營。用承租是有意義的，因為自古以來，從沒有任何人能永遠持有一項物品，無論那個人是統治數億人的暴君或是富可敵國的商人，或者只是一般百姓。

注：請參考 REVIVE 計畫網頁 http://revive.turismodeportugal.pt/

阿威羅
Aveiro

進到阿威羅前，我們先去西邊約10分鐘車程的新海灘（Praia da Costa Nova），走在其中好像走在搭建出來的電影場景一樣，一座以彩色條紋所編織而成的度假勝地，很不真實，據說是住在阿威羅一位政治人物的家開始起頭的，透過配色讓小鎮自成一格。

　　良好的環境、水質與氣候條件，使這裡成為阿威羅地區最受歡迎的海灘。海岸邊的小屋是過去漁民休息與堆放工具的倉庫，從二十世紀初已經改為度假屋。我們走到南北都看不到盡頭的沙灘，只有兩對夫妻躺在自備的休閒椅上，其中一位走進浪裡，肩膀縮了一下、搖搖頭又走回沙灘，看他的表情顯然今天不適合衝浪，我們也跟著脫鞋去試水溫，此時是五月底造訪，陽光雖然很強，但海水與海風都很冷，難怪遊客稀少。

　　阿威羅本來是一個充滿活力的小鎮，自從十六世紀末河道開始淤積變成沼澤地，商業褪色、漁村停止演化。後來在十九世紀初，將沼澤濕地規劃成鹽田，並且開挖出運河系統，就像一條一條強心針為小鎮注入活力。因應運河的發展，在阿威羅的主要運河中心，能看到許多鮮豔色彩的平底船，船頭彩繪著農村風景、傳統服飾人物、俊男美女……等圖像。過去是用來載運海鹽與海藻，現在是載運各國遊客的觀光船，以適應現代商業發展的模式，延續與保留傳統價值，在這裡過過水都威尼斯的癮。

　　阿威羅街道乾淨、建築物配色典雅，路上可見描述過去純樸漁村的彩繪磁磚。運河北面有幾棟新藝術時期的建築最為突出，遊客中心就在其中。在主要運河圓環橋上的兩端，分別豎立著男女漁民的銅雕，漁網和泡泡形式的地磚分布在市中心，不同於葡萄牙傳統的海浪形式。這些特色提醒外地來的遊客，阿威羅是以漁業發展的小鎮。

　　我們從橋上圓環走到共和廣場，經過了一家傳統甜點店 Confeitaria Peixinho，櫥窗裡展示的甜點吸引了 Claire 的目光，款式是在別的地方沒看過的，我帶孩子到共和廣場玩，Claire 進去一探究竟，唯一共同特色就是甜！走完一圈，發現這範圍不大的小鎮裡，有大學中學還有數間國際語言學校，到處都能見到學生，讓小鎮年齡比起其他葡萄牙城鎮更為年輕有朝氣。

波勒多
Porto

2012、2014、2017年歐洲消費者選擇（European Consumers Choice）評為「最佳歐洲目的地」。唯一三次獲此殊榮的城市 —— 波勒多。光是這點，就知道葡萄牙第二大城，有多麼受到世人所喜愛。

　　我們從葡萄牙最北邊的卡米尼亞，一路往南開到波勒多，一整天恰巧都跟著世界拉力錦標賽的行程跑，當晚七點到十點的街道賽就在波勒多舉行。我們選擇在郊外的機場（Aeroporto Francisco Sá Carneiro）還車，再搭乘紫色E線鐵路，約莫50分鐘就進入舊城。在克服民宿入住不順的問題之後，我循著拉力賽車所吹奏出的天籟，往比賽場地前進。

極具暴力的引擎排氣聲、油門鬆開的渦輪洩壓聲、巧克力胎輾過大理石道路聲、後輪轉向過度的甩尾聲、聖本篤火車站前人們的吶喊聲……全部在夜裡的古城宣洩。我站在欄杆所封閉的街道外，接受這一切洗禮，相信對任何第一次近距離觀看賽車的人來說，都會很興奮，更何況眼前的現代速度機器正疾駛在人類世界文化遺產中。

身為葡萄牙第二大城，波勒多物價竟然比第一大城里斯本少約三成。我們在此住的整層獨立公寓，典雅、簡約，室內約 17 坪，地點非常方便，三大一小一晚只要 44 歐，非常便宜。第一天就被餐廳的早餐嚇到了，點了一桌三人份的麵包、牛奶、咖啡，竟然只要 4.65 歐。架上的餐包有的 0.15、0.2 歐、0.4 歐，閃電泡芙 0.7 歐，馬芬 0.8 歐、超大菠蘿 1.95 歐。吃完早餐後，再多買幾個當戰備乾糧。

聖卡塔琳納大街（Rua de Santa Catarina）

從住宿處走一小段路，就是波勒多最熱鬧的購物街聖卡塔琳納，鼎鼎大名的 Majestic Café 就位於此。一位建築師在第一次世界大戰後開了一家豪

華的咖啡館。他在長方形的空間裡用新古典做為空間語彙，偌大的鏡子創造出極佳的穿透感。看著排隊等待侍者帶位的顧客，我在想，過去詩人、作家、藝術家、知識分子都聚集在咖啡館或書店，醞釀下一波藝術與思想風潮，那麼現

代的文人雅士、知識分子會是在哪裡醞釀呢？不過，目前在 Majestic Café 可能很難了，得要先跟觀光客搶位置。我們沒有進去湊熱鬧，反而站在外面，欣賞盲人街頭藝人帶來的電子琴演奏，演奏的曲目剛好符合咖啡館華麗的外觀與街道上的氛圍，彈得一手美好年代。

　　街道上有一棟外觀包覆大型粉紅通風管、非常醒目的建築，我們從老遠就被它牽著鼻子走過來，歐洲街道招牌設計各具特色，店家彼此通常都互不干擾、不會太凸出街道、不會破壞都市景觀，我覺得這家是比較犯規的。走近瞧，原來是一棟購物中心（Via Catarina Shopping），1～3樓就是一般櫥窗商店，不過4樓整層是仿造傳統街道外觀，每一間造型都不同。我再度伸出魔手，發現作工與材質都很講究，我甚至在想會不會整個立面都是從改建的街道拆過來的，幾可亂真才是復刻的奧義。天花板是玻璃材質，引進自然光線打進中庭，讓人像是在馬路上逛街，是購物中心最大的特色。

　　往北邊走到聖靈教堂（Capela das Almas de Santa Catarina），教堂本身如同一塊用磁磚做成的畫布，講述聖經裡的故事，教堂裡的簡介說明外觀全部貼附藍色磁磚總共 15947 塊，相當罕見。

聖本篤車站（Estação ferroviária de São Bento）

欣賞外觀貼滿磁磚的教堂後，接著來到內部貼滿磁磚的聖本篤車站，站在身旁的旅行團導遊，正在解說牆壁上的藍色磁磚壁畫，「葡萄牙歷史上決定性的兩場戰役：Aljubarrota戰役（1385）和Arcos de Valdevez戰役（1140），以及葡萄牙的農村生活景緻。最上方靠近天花板的磁磚則是以彩色來表現各式階級的人們排隊迎接火車到來，室內全部共用了2萬塊磁磚。」雖然車站僅於二十世紀初落成，然而建築師受法國文藝復興建築影響，以古典美學與獨樹一幟的藝術，建造出全球最美的車站之一。古典之所以為古典，乃因歷久不衰的線條與規則，比例和諧有秩序，精神上讓人感到高貴、尊嚴有內涵，如同古典建築、古典音樂，數百年後，仍有其價值。

在聖本篤車站前的花街（Rua das Flores），從幾年前的Google街景來看，變化很大，可以說是人潮創造了商業機會、活化了建築物、進駐了許多特色商店。我們在街上看到一名年約十歲男童，頭戴報童帽坐在路旁，翹著二郎腿自在地畫畫，強烈的陽光透過建築物玻璃反射照亮了他的臉，他皺著眉頭思索如何下筆。他的左肩膀站一隻淺綠色的小鸚鵡，左前方的酒桶上站了一隻雞，顯然這隻雞經過訓練，沒有主人允許不會跳下酒桶，所以上面留了幾坨＿＿＿你知道的，旁邊還有些我看不懂的木箱。我禮貌性地用葡萄牙

文問了男童可不可以拍照，他點點頭，我拍了兩張照片但依舊還是帶著好奇離開，就在我回望時，一位男子手裡拿著兩碗蔬菜麵，原來是男童的爸爸，他們一同坐在街道上享用午餐，此景吸引更多的路人遊客對著他們拍。

這時我忍不住，對這對穿著19世紀末服裝的父子，與什麼原因要坐在路邊，又沒有用來向路人打賞的工具感到好奇。我先向男子禮貌性地寒暄問候，男子說他們過著沒有科技的生活，沒有電視、沒有手機，我問如果朋友要找你怎麼辦，他說他們都會在這裡，而且有公共電話。他們住在附近，假日都會在這個街道上表演，他的孩子喜歡畫畫、喜歡彈奏樂器⋯⋯我非常想拍他們，但我不忍直接對著他們兩位拍照，因為他們很自在地看著人來人往對著他們拍照，反倒讓我的拍照行為覺得詭異而格格不入，但最終還是忍不住在離開了十幾公尺後，不著痕跡地留下影像。

在我的想像裡，他們應該是過著自給自足的生活，不把時間賣給他人、不為他人工作、不未雨綢繆，過好當下的每一分鐘⋯⋯，然而這些想像不過是反應自己內心嚮往的罷了！

路易一世大橋（Ponte Dom Luís I）

從舊城走到斗羅河左岸──加亞新城，會經過路易一世大橋，我們有三種選擇：乘坐橋面上層的路面電車、在橋面上層或下層徒步。我們在不同天的不同時段選擇不同的路，無論選擇為何，都還是跟眼前這片景色相依偎。橋面上層的行人步道不會像橋面下層那麼緊湊，路面電車多半在遠方就鳴聲警示行人，我知道葡萄牙對風險界限的定義十分寬鬆，顯然駕駛與行人都知道分寸。

路面電車在歐洲很普遍，他們已經習慣有這種交通工具在生活裡穿梭，有帶小小孩仍要稍微牽著。路面電車造價成本和高架電車比起來低非常多（顧名思義「高價」），一方面高架的造價成本高，且在路面，也不會像高架電車破壞都市景觀，這

對滿是千百年舊城的歐洲差別非常大。高雄目前也有路面輕軌電車，不同的是加上了層層防護圍籬，畢竟這是台灣第一條輕軌電車，人與路面電車的相處關係也是需要學習的。

　　1877年，艾菲爾鐵塔公司完成了斗羅河第一座瑪麗亞皮婭鐵橋（Ponte de D. Maria Pia），隔幾年波勒多又再舉辦斗羅河橋競圖比賽，這次競圖是由艾菲爾鐵塔公司過去的合夥人賽利格（Théophile Seyrig）得標，賽利格與艾菲爾在1869年一起創立了 G. Eiffel et Cie 公司，因為賽利格對利潤分配不滿意，遂於1879年離開並且控告埃菲爾，最後敗訴，之後轉往比利時、法國的建築工程公司工作，後來贏得路易一世大橋的競圖，並於1886年完工。而艾菲爾在那時則贏得了法國萬國博覽會的競圖，也就是舉世聞名的巴黎鐵塔。

　　同樣生為工業時代產物，路易一世大橋與上游的瑪麗亞·皮婭鐵橋外觀相似，也很容易被拿來與巴黎鐵塔比較，可能也都源自於當初理念相投的關係吧！巴黎鐵塔像是穿著蕾絲裙擺的女人，以優雅端莊的外型展現在世人面前，而路易一世大橋則以功能與實用為取向，比較陽剛，肩膀上的責任比較重（扛電車軌道與人行道），但鐵橋又能在河面劃出一道簡單的弧形，如同芭蕾舞者輕鬆地以 Grand Jete 跨越舊城與新城，再以兩條橫線疏運交通，串連彼此的上下城區。

　　孕育葡萄牙的兩大河流塔古斯河與斗羅河，正好流經里斯本與波勒多，讓這兩個城市皆因鄰近出海口而繁榮至今，平緩的水流加上寬闊的河面，做為內陸與通往世界的重要樞紐。但並不是以上相關條件的城市就能繁盛，當河流改道或淤淺時，榮景就可能不再了，比如葡萄牙境內的塞圖巴爾（Setúbal）、梅勒托拉（Mértola）、歐比都什港……都已被遺忘在時間的長河。

加亞新城（Vila Nova de Gaia）

路易一世大橋往南走到終點，有一處莫后花園（Jardim do Morro），在此搭乘纜車（Teleférico de Gaia），從高處沿著斗羅河下切，舊城景色隨著高度不斷地轉換，腳底下一整片長型紅色建築，是用來存放葡萄酒的倉庫。斗羅河左岸

的加亞新城，匯集了為數眾多的酒商，盡地利之便，將酒輸往全世界。多數酒商都有品酒的導覽套裝行程可以安排，通常都會先介紹葡萄酒歷史與參觀酒窖，再搭配三種酒品嘗。在河邊靜靜做為歷史見證的風帆平底船，被快速行駛而過的觀光遊艇所激起的漣漪，搖盪出過往的風味。以前都是用風帆平底船將上游的葡萄酒順游而下運送到波勒多，到了近代則是一輛一輛的卡車載運至此。

黃昏時分，造訪斗羅河左岸加亞新城，魔幻的色溫加深了我對波勒多的看法。此時我意識到今天是星期六，難怪一路走來四處都有露天派對，越往人群多的地方，人手一罐啤酒，Why？？Why not？！酒的考古歷史從西元前10000年的美索不達米亞平原發展至今，已是人類生活不可或缺的一部分。回到莫后花園，初夏從晚上八點才開始進入黃金時刻，斜坡上的草皮滿是人們，想必大家都知道此地是欣賞波勒多夕陽的絕佳地點，早就準備好各式酒精飲品跟朋友家人、愛人在這裡聊天……，如果沒準備酒，旁邊提供電音娛樂的攤販也有賣。

　　當夕陽沒入斗羅河蜿蜒的出海盡頭，也順勢在天空灑滿波特酒時，我感覺有點微醺，明明美景沒有酒精的，但眼前景色明顯太過醉人，還要保持清醒回家。直到夕陽消失在地平線，大家雙手舉高、擊掌歡呼 See you tomorrow！我問身旁的女同學為什麼大家都這麼開心，她說大家在等待一天夕陽的最後一刻許願，聽到之後我們也趕緊補上願望，應該還來得及。而就在此時，我加快腳步前往地勢更高的皮拉勒山觀景台（Miradouro da Serra do Pilar），這座觀景台的景色比剛才莫后花園更勝一籌，以橫跨兩岸的路易一世大橋為前景，佐以斗羅河曲線，勾勒出整個波勒多世界遺產的輪廓。觀景台同時也是皮拉勒修道院（Mosteiro da Serra do Pilar）所在地，教堂為圓形圓頂，修道院同樣為圓形，中庭裡環繞著 36 根列柱，非常特別，是葡萄牙唯一的圓形修道院。

　　進入夜色，我們走回鐵橋的路上，被剛剛的暮色提醒要帶一瓶波特酒回家過夜。晚上九點半店家幾乎都打烊了，又不想帶小孩去酒吧買酒（而且會比較貴），走了一小段路，眼睛瞄到一家正在打烊的雜貨行，是一對年約九十的老夫妻經營的，我不懂如何選酒，所以請阿婆推薦，阿婆說波特酒都不錯喝、甜甜的，手比著架上三點多到二十多歐，這個不錯、那個也不錯很讚。選了一罐 6.35 歐，我對阿婆說就這一罐，「É tudo」。方才的夕陽與這瓶波特酒顏色一樣，回家後繼續慢慢品味、回味。

　　一群人結伴出遊，「無法團結一心」是我認為旅行當中的最大挫折。Lyon 幾

乎每天都失控，我的心情隨著他不斷地嚴重起伏，Ben最無辜，常受到弟弟的牽連。還有一次我差點氣哭，雙手抓著Lyon的手臂說：你不要這樣好不好。Lyon體力過人，我們在台灣一天至少要用推車推Lyon到公園放電兩次，常常一到公園他就往前衝，怎麼喊都沒用，在國外也一樣。兩歲小孩有自己玩樂世界的方式，公園就是他目前最喜歡的地方，在旅行期間還是盡量滿足他的需求。

這一天，在市政廳廣場前，大家情緒大爆發，我被Lyon氣到無力，整個人陷入一種迷茫，我想獨自走走，對大家也許比較好。失魂地走在昨夜被賽車喧囂過的路上，一句話都講不出來，心跳提不起勁，連把手機拿出來看地圖的想法都沒有，景點變得索然無味。前後分開走了近兩個小時後，肚子也餓了，與家人相聚來到萊羅書店旁的餐廳，點了一份波勒多特有餐點 —— 法國小女孩（Francesinha）又名葡萄牙三明治，三明治夾肉排、火腿，先蓋第一層起司再蓋上荷包蛋，淋上濃濃起司醬汁，周圍撒滿薯條，成了一道好吃的特色料理。

等餐的過程中，Lyon在玩桌上的鐵製貨車造型面紙盒，突然大哭，我們還搞不清楚怎麼回事，以為他肚子餓等不及，直到桌上有斑斑血跡我們才發現Lyon手指頭被割了一道頗深的傷痕。Lyon哭到整家店都快翻起來了，原本酷酷的店員帶著衛生紙和糖果安慰他，Ben發現是面紙鐵盒上的銳角造成的，店員向我們道歉。「這不是你們的錯，沒有人知道面紙盒會傷人，」我說。快速用完餐後，帶他到對面的里斯本廣場（Praça de Lisboa）散心。

旅行總會遇到一些無法預期的狀況，從第一次在法國租車遇到變速箱故障，導致

在高速公路上只能以時速60公里前進；被導航帶到河水暴漲的羅亞爾河邊，差點掉下去；在德國開車誤判紅綠燈號誌，被後方來車撞上……。從另一個角度思考，「無法預期的狀況」不是只有旅行期間才會遇到。旅行帶給我們的刺激、衝擊，遇到問題的應對，對我們、對孩子來說，都是很好的人生教育，也使我們的家庭生活融洽。「雖然我常脾氣不好。」這句話是Claire看稿時補上的。

萊羅書店（Livraria Lello）

以波勒多大學（Universidade do Porto）為小圓心，圍繞著許多值得一看的建築。東邊有現代花園里斯本廣場，上層種植數十棵百年以上樹齡的橄欖樹，中層為購物商場，下層為停車場。帶小孩繞了葡萄牙一大圈，去過無數個公園，深深覺得葡萄牙在自然與人工園藝方面非常用心，政府願意在人民用得到的公共建築上細膩規劃。當然我們不是長住在那邊的居民，無法知道他們的感受，至少與自己現實居住的環境實際比起來是這樣。我也觀察到大部分葡萄牙大學並沒有圍牆或邊界，也許是因為城市以大學為發展中心，城市就是學生的活動空間，不分校內或校外，學生在公園樹下看書、吃便當，享受良好的都市規劃帶來的便利。這看法不一定正確，不過在旅行中提出自己的看法，和孩子參與討論，才能真的增廣見聞。

廣場東邊是知名的觀光亮點 —— 萊羅書店。星

期一早上十點，至少有100人排在萊羅書店門口等待買票，我們沒有事先上網訂，所以跟著排隊。門票一人5歐，票價可折抵購書費用，不過買票隊伍與入場隊伍不同，我去買票，Claire排隊等入場，由於排入場隊伍已經先到但我還沒買到票，驗票人員好心地讓Claire在一旁等候買票的我回來，不需重新排隊，相當人性！從進書店到離開，排隊人潮的強度沒有減弱，如果保守估計以每分鐘3人來計算，營業時間為早上10點到晚上6點打烊，3×60×8×5光門票收入就有7,200歐！「賣書真是門好生意啊！」我跟萊羅書店的店員說，店員笑著說只有我們這裡是這樣，其他書店就沒有這麼幸運了，全球實體書市場都在萎縮，葡萄牙也不例外！看著人山人海的盛況，我問店員每天都這樣嗎？她說「Yes! Everday!!」她問我們從哪裡來？我與她分享台灣書店也是每下愈況。

人在異國，走到哪裡都想要跟當地人聊幾句，無論當地語言講得再爛，都沒有會笑你，他們都很樂意「幫你把話講好」，還有人說「如果你葡文有任何問題都可以找我」。說當地語言，是開啟話匣子與縮短距離最好的方式，也是蒐集該地區街頭情報最好的方式，習慣用當地語言去接觸人文，也因為這樣，每到一個新語系國家就期待可以學新的語言。

細緻的雕刻書櫃與天花板，讓人難以想像這裡是一間書店，在過去只有報紙和書籍的年代，書店是城市的思想與文化中心，接手經營的萊羅兄弟將之打造為當時的指標書店。天花板的鑲嵌彩色鑲嵌玻璃，圖案為一位正在打鐵的勞工，有一排拉丁文字寫著 —— Decus in Labore，意即榮耀於奉獻。話說有個女人從英國嫁到葡萄牙，

歷經短暫婚姻、單親又失業的她經常造訪這家書店，或許是這裡古典、華麗又兼具想像造型的空間讓她思若湧泉，又或許是過往有好多位偉大作家與詩人常在此聚會，比如 Guerra Junqueiro 和 Júlio Brandão 等波勒多偉大文學家，人文薈萃，又或許 Potter 的名字就是為了紀念她在 Porto 歷經的重大轉折！這位作家後來催生了小說巨作《哈利波特》，她就是 J. K. 羅琳。喔對了，她也常去另一家 Majestic Café 呢。

　　大學東南邊是教士教堂建築群（Igreja dos Clérigos），其塔樓（Torre dos Clérigos）高度超過 75 公尺，在波勒多很難忽視它的存在，只需爬 225 個階梯就可以到達制高點，上塔樓必須買票，但票價多少我忘記了，因為葡萄牙便宜的票價讓我根本無須在意。參觀路線會先依序環繞著教堂二樓到三樓，才到達塔樓入口，在這之前我們能從二、三樓不同的角度與高度欣賞內部美麗的巴洛克式教堂，玫瑰色大理石與金色木作雕刻，再注入充足的光線，讓整個空間呈現十分高貴的氣質，二、三樓的空間同時也做為收藏神職人員用品與器具的博物館。如果不需要上塔樓，一樓教堂可以免費進入。越靠近制高點，樓梯踏面越狹小，只剩不到一個人的寬度，通行時需要互相禮讓。360 度的視野，整座世界遺產歷史中心就在腳下，是波勒多最棒的觀景地點。

里貝拉碼頭（Cais da Ribeira）

往南邊走到亨利克王子公園（Jardim do Infante Dom Henrique），還有一座比教士教堂金碧輝煌的聖方濟各堂（Igreja Monumento de São Francisco），緊鄰隔壁的證券交易宮（Palácio da Bolsa）則更為華麗極致！似乎如此才能彰顯當時的榮耀與富貴。公園中間是亨利克王子的雕像，手指著曾帶領葡萄牙走出大海的方向，他出生的地點就在附近的王子之家（Casa do Infante）。北邊有一棟工業時期的紅色建築 —— 費雷拉博爾赫斯市場（Mercado Ferreira Borges），1889年建造，目的是為了取代里貝拉的傳統舊市場，蓋好後才發現不適用，找不到定位又淪為蚊子館，當地人希望拆掉蓋停車場，但是遭市政府裡的藝術科學委員會反對，才改為現代藝術博物館。目前由一家名為Hard Club的公司承租，這家公司的提案獲得國家創意產業獎第一名，波勒多市政府給予該公司20年承租使用權，但不能更改外觀主體，俱樂部將空間做為藝術、展覽、表演、教育使用，活化空間的方式頗值得學習。

由於我們去到哪裡都想要逛當地的傳統市場，只是當地人告訴我們許多城市的傳統市場都已改為這種工業時期的集中管理市場或者超級市場，街頭攤販的形式已經很少，這樣不只我少了聊天的樂趣，當地人更少了話家常的地方，實在可惜。

在我們住宿處附近還有一家百年市場──玻六市場（Mercado do Bolhão），我們去的時候已經全部關閉，內部正在進行大規模整修，預計保留完整的外觀同時融入現代化設計，臨時市場移到斜對面聖靈教堂旁的現代購物中心（La Vie Porto Baixa）裡。看到臨時市場時令人感到十分驚訝，這麼高規格的設置真的只是臨時的嗎？同時，市政府很負責地在整個街廓做了很有設計感且醒目的臨時市場廣告，提醒人們臨時市場的存在。

繼續往南邊走，抵達斗羅河岸里貝拉碼頭，此區域是波勒多最古老的區域里貝拉（Ribeira，為河岸的意思），也是最熱鬧的地方。如果在網路上搜尋「波勒多」，顯示的照片幾乎都是河岸邊這一整排不同高度與色彩的房子。從前，上下游的貨物都從房子底下的拱形倉庫進出，現在普遍改為餐廳供饕客進出。

中午時間，我們選了一家有法文名字的兔子餐廳（Chez Lapin）。進入葡萄牙餐廳通常都需要先告訴服務生，由服務生帶位，如果人不多，我們會請服務生帶到我們觀察後覺得喜歡的位置。等待的過程就先參考別人桌上的餐點，待入座後，照慣例，我們會再請服務生為我們推薦餐點。「鱈魚丸子、紅酒燉豬肉馬鈴薯、烤沙丁魚，都是推薦的傳統菜色。」充滿笑容且健談的服務生說。她的英文很好、笑容也十分迷人，就聽她的建議。我們在里斯本已經吃過幾次烤沙丁魚，再試試北部地區做出來的風味。餐廳天花板吊滿各式廚房用具，巨大的鍋子與刀叉，牆壁上掛了許多葡萄牙各地的代表風俗文物，還有裱框的簽名合照、簽名足球衣，應該都是名人吧！很慶幸選對了餐廳，食物好吃，店員服務好又親切，難怪座無虛席。

在吃中餐前有一個插曲，那時候我牽著 Lyon 看著別的地方，手不自覺地放開不到 3 秒，再轉回頭，Lyon 已經不見了！我在人群中看不到他，突然緊張起來，我們喊著他的名字，在十幾秒的時間，我們想到各種可能：迷路、落水、被抓走⋯⋯。還好有一對情侶與一位老先生看到他想要靠近河岸而阻止他，原來他一直想要到河邊看水，真的是嚇出一身冷汗！

旅行過程中，我並不喜歡隨時上網的方便性，好像帶了一個會讓人分心的工具，尤其對帶小孩者影響更甚。好不容易花了一大筆錢、空出了時間，孩子請好假、規劃了兩個月的假期，眼前的事物是因為喜歡才安排來的，卻還要把自己綑綁在手上的網路社群螢幕前，這不是很奇怪嗎？我也曾想過萬一找不到路或者有緊急的事要打電話怎麼辦？但又想到自己二十年前第一次出國，就沒有那麼複雜了。出發前將重要的資訊紙張化，比如住宿資料、網路訂購車票或機票列印出來，可以避免手機沒電或者手機遺失的風險。將地圖離線下載，隨時上網會嚴重干擾自己融入眼前的景象，也因此我不會用網卡，僅僅在回到住宿處後，才會將自己接到網路上。有網路的方便是能立即將眼前的事物分享給社群上那一對對嗷嗷待哺的臉友、IG 友⋯⋯，我懂那種誘惑，不過，是好友的

話,應該都會祝福你活在當下吧!

在這片色彩豐富與遊客歡樂的場景中,有一面牆壁上的青銅雕塑紀念碑(Alminhas da Ponte),前方放置了些許蠟燭,訴說著一段傷心的歷史。1806年一條由鋼索串連20艘船隻的便橋,讓居民方便往來時而湍急的斗羅河兩岸,並且還能打開讓船隻通行。但是在1809年的半島戰爭期間,拿破崙入侵波勒多,成千上萬倉皇逃離的居民趕到里貝拉這個位置要過船橋逃往對岸,然而船橋無法承受這麼多人,隨即崩壞沉沒,據說約有四千人在那天淹死,紀念碑前的堤防還保留了當時的橋墩結構。就在路易一世大橋之前,我們看到鐵橋(Ponte Pênsil)的橋墩。如今,橋墩上開了一間餐廳,繼續用不同的方式存在著。歷經千年來不同文化的洗禮與堆疊,葡萄牙人民知道如何將影響生命重大的時刻保存起來,成為生活的一部分。

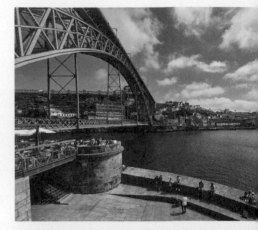

我已經在這座千年古城見識過世界拉力錦標賽,去年河岸邊還舉辦摩托車越野障礙賽以及紅牛飛行大賽,飛機以時速370公里低空飛越斗羅河面,有85萬人參與這場盛會,你能想像嗎? 走沒多久,聽到一股譟動聲與鼓掌聲,橋上有幾個人爬過欄杆外,準備從鐵橋跳下斗羅河。他們穿著泳褲、還有人穿潛水衣,他們不是尋短,而是在挑戰自己的勇氣也為遊客帶來娛樂,我們只需要給他們熱烈的掌聲即可。

當我看過葡萄牙常舉辦極限運動賽事之後,就不難明白為什麼有人從橋上跳河不會有警察出現阻止,這是日常風景,何須大驚小怪呢? 葡國人對風險與危

險的定義比較廣泛，也顯示了他們對新事物的接受度高，或許與祖先過去勇於探索未知領域、殖民異國的天性有關。然而，那幾位尋找刺激的跳橋年輕人遲遲不跳，觀眾已經開始從掌聲變噓聲了，跳與不跳此時也變成一種試煉。

自由廣場（Praça da Liberdade）

從波勒多市政廳（Câmara Municipal do Porto）延伸至自由廣場，兩旁林立著19世紀中期的古典建築，是波勒多最具規模的廣場。廣場是表現商業建築與公共建築最佳的空間，是居民、市政和商業三者間交流溝通的場域。市民活動則充分展現廣場的生命力，是都市規劃裡必要的配置。葡萄牙許多有歷史的舊城，為了保存古蹟與現代停車需求，開挖地下停車場，將停車場上方打造為廣場或公園，取消路邊停車格，街道變得更乾淨，也多了人行步道空間，對都市景觀與發展極為健康。

　　漫步舊城中，對於從現代都市來的遊客，或許初看會有些不習慣，然而我們必須明白，這是一座千年古城，它清楚記載了各個時期的歷史紋理，反映在生活裡，居民與代代相傳的古蹟相處，有些建築雖已老舊，也有的被遺棄遭破壞，但環境至少乾淨不髒亂，這需要人民與政府有共識，才能保存下來，這也是波勒

多整座城市被列為世界遺產的價值之處。反觀有些近代都市又髒又亂、治安也不好,走在其中令人生畏,甚至連附近居民晚上都會避開僅隔一條街的區域。

　無論是在里斯本還是在波勒多這兩座大城,都很容易在熱鬧的景點看到荒廢的建築,常常替它們感到惋惜,這麼好的地點如果整修好,成為旅館或商店,除了美化市容,還能帶來商業利益。但這恐怕不是那麼簡單,荒廢的物業可能難以取得產權,以致於無法開發。兩座大城都能見到房屋整修改裝,而波勒多比例又更高。走過經濟陣痛期,葡萄牙的復甦力量不可小覷。目前還能在兩座主要觀光大城看到孩子在階梯玩耍鄰居們坐在街頭巷口聊天,窗戶前曬衣物。然而,事情總有一體兩面,觀光人潮推升商業機會,也會推升物價,我聽當地居民說,高漲的房價與房租讓他們覺得很辛苦,雖然葡萄牙政府對租屋者相對有保障(例如房東不能隨意漲房租、房客沒繳房租不能隨意趕人……),但生活品質還是會壓縮,也許再過個幾年,景色又不一樣了。

　面對觀光客舉起手機相機拍攝,無論是有意無意,還是會干擾生活,這是住在觀光城裡的居民所要面對的難題。在旅行中秉持著尊重、不喧譁(小孩哭鬧算嗎?),探索但不踰越,這也是做為觀光客應盡的義務吧!

植物生在葡萄牙是有尊嚴的

我在里斯本貝倫區，第一次為存在幾千年的雜草感到幸福，但那時我怕是我太一廂情願地相信，必須要等到環繞葡萄牙一圈之後，才能提出結論。回到家之後，整理思緒，這個結論就是「植物生在葡萄牙是有尊嚴的」，他們備受尊寵、活得幸福，不是多餘、累贅，不會有人當雜草動手去除。當地人把植物視為一種真實、必要的存在，意思是植物是花朵、草皮、樹木──植物就是這些啊！不然植物是什麼？要知道，植物在某些國家比如台灣，如同過街老鼠、人人喊砍，是多餘的、累贅的，是沒有價值的雜草。

植物在葡萄牙是美好生活不可或缺的元素，有一種人專門在照顧它們，他們不會是工程公司的工人或土木業的粗工，植樹不是把土挖開然後將植株放下去這麼簡單，絕對沒有人會去找粗工來植牙（但台灣公共工程植樹會找粗工或工人），照顧他們的職業稱為園丁，他必須要是園丁，熟知植物的特性，才能肩負起這項任務，必須要知道何種植物在何時最適合修剪？何種植物適合什麼養分？他們生病了嗎？需要什麼的治療？為什麼拔草才能有效除草？而不是灑農藥？為什麼植物真正最需要的養分是好的土壤而不是肥料？植物也需要冬眠？植物會製造氧氣，但他們自己也需要氧氣？

植物的下一代能隨風自在飄散，隨意落腳在分隔島、廢墟堆、人行道石縫裡、電信箱旁……哪裡都好，在葡萄牙四處皆可安居，人們都歡迎他們一起居住。五百年前的大航海時期，葡萄牙將各殖民國的植物帶回國內研究，自此為葡萄牙人民與植物建立了親密不可切割的關係，人民對植物認知的素養高。起初在移植的時候，植株與土壤一起裝載上船，但經

過長時間航行，植物承受不了空氣中過高的鹽分，紛紛死亡。爾後植物學家才想出用玻璃瓶將植株與土壤密封住，以提高移植的存活機率。至今在布薩可國家森林公園裡，還能看到450年前植物學家從各國帶回種植的樹種。

在環遊葡萄牙期間，大約造訪了超過50座大小城市，經常聞得到城市空氣中帶有清淡甜味的花草香，以里斯本分隔島上的植物來說，目測至少有十多種以上的植物種類，根據植物學家Suzanne Simard研究報告表示，多樣性的植物比單一性更容易存活，更容易抵擋病蟲害。

多樣性的植物造就葡萄牙豐富的自然景觀，這也是我們環遊葡萄牙感受到最棒的特色之一。

附錄

關於親子旅行的一些備忘錄

我不是教育專家，無法保證這些觀念就能讓孩子成功（況且成功該如何定義？），孩子是獨一無二的，每個階段的發展也都獨一無二，身為父母，我們跟孩子一樣都在學習中。但親子旅行的過程會比單身旅行複雜些，特別來分享自己的小小看法。

萬一怎麼辦？

做再多的準備都是不夠的，隨遇而安，最常遇到朋友問：萬一……？ 帶小孩出門旅行遇到問題的機率確實比較高，如果想要一家人出遊，就必須克服可能產生的問題，但多半都只擔心意外，萬一發生意外、生病了，該怎麼辦。

不只小孩吵鬧，大人也會吵鬧。聽過情侶在當地吵架然後接連幾天都分頭走，回來就分手，也聽過度完蜜月回來就簽字離婚的。自助旅行是一面照妖鏡，能迅速幫助你辨識自己與身邊的人是否能同甘苦共患難，與孩子旅行則讓父母顯露本性（？！）

功課怎麼辦？

這是最多人問的，所以放在第一位。無論是暑假期間還是學期間出遊，我們都會將功課一起帶出遊。想要玩，也要知道自己的責任在哪裡。出國前，先詢問老師出國期間的功課進度與需注意事項，通常學校都會將課表進度公布網路上，當我們回到住宿處就會看今天有什麼作業。

影響成績怎麼辦？

有鑑於自己從小成績就不是特別好，所以不會勉強孩子在學習「數字」上的多寡。許多經驗告訴我們，現行教育制度的分數數字，並不是成功的保證。成績比較像工廠品管生產線的作業流程，分數好的放左邊、分數不好的放右邊。可是，用分數來定義一個人的全部，太狹隘了，更何況他們也才幾歲，他們未來會在哪一個職業或位置發展，有誰會知道呢？

錯誤也是一種學習的機會，允許孩子犯錯，只要在這過程中有學到並且知道修正。孩子在學習過程中不會扭曲自己的價值觀（通常都是大人抓著孩子的頭腦在扭）。失誤與錯誤不同，考卷寫完了，結果有幾題漏寫了，這是失誤；填空題寫錯標準答案，這是錯誤。我們可以接受錯誤，但失誤是人為的，有辦法降低，比如寫完功課、考卷、暑假作業後，再檢查一次有沒有哪邊漏寫。

孩子要能比父母更重視他自己的事，如同業務員要比主管更重視自己的業績。反之，只會讓彼此的關係有摩擦。但若孩子從讀書中真正得到樂趣，自己很在乎（並非因為同學之間無形的競比），我們也會協助他朝希望的方向發展。

旅行能建立孩子的世界觀，將旅行變成是戶外教學，適時接觸不同國度歷史、地理、人文、語言、飲食，乃至於參觀他國的科技、都市計畫、公園規劃、公共設計……等，這些學習都無法化為成績數字，列入排名。

懂得尋求協助

雖然僅僅學了皮毛的葡萄牙文，但再加上我的厚臉皮之後，一切都不是問題。

先用當地語言打招呼，讓對方有「這個外國人竟然會講我們的語言，我一定要幫他」的想法。我們在行前所做的功課都是旅遊書或網路蒐集資訊，資訊比較會有時限，但當地人就住在那裡，主動問問哪邊有新的景點或好吃的或雷店，就能使這趟旅行又深又廣。而且這是孩子學習的好機會，當他們看到父母遇到問題時，會尋求他人協助，日後比較會增加解決問題的能力，跳出既定的思維。

語言

有立即使用語言的動機，是最好的學習環境，比如肚子痛到要拉出來了，需要找廁所；肚子餓了要買麵包，詢問怎麼走⋯⋯這些生活用語通常學一下就會了，而且不容易忘記。大約幾年前開始，我們改變旅行思維，不再將語言當成旅行的絆腳石，反倒利用這個「優勢」博取同情。對當地人來說，我們本來就是外國人，不會當地語言是很正常的，但如果我們虛心求教，他們多半都會很樂意教我們。

孩子的成長只有一次

幼兒時期、兒童時期，彌足珍貴，限量版的，錯過就沒了。或許我們都被書架上滿是單身壯遊的書籍給限制住了，才會對帶小小孩出國有抗性，但我們不忍心將孩子交給親戚朋友，自己跑出去玩，等到幾年後的哪一天，才發現我們在孩子的人生書中，有好幾頁是空白的，這樣多遺憾啊！

與孩子相伴出行，由於要做好示範，在很多行為上會自我修正，為孩子創造課外教學活動，大人則浸淫在他鄉，尋找夢想中的生活感，並將那樣的體驗帶回來，實踐在現實生活中。

安全第一、快樂第二

葡萄牙的旅遊經驗讓我重新界定孩子探索的安全界線，安全的尺度該由自己掌握。安全第一的原則並非架構在無風險的基礎上，歐洲的風險界線顯然比台灣更寬鬆，會給予孩子探索的機會，進而培養出判斷能力來降低風險，而非只是大人口中的危險。事實上，不冒風險也是一種風險的選擇，孩子的界線從小就被父母勒得緊緊的，這個也不行、那個也不行，對風險的承受能力相對就小。

如何降低風險又能玩得快樂，有一點小小心得，就是旅行中盡量不上網，不向親朋好友交代，不打卡，把握當下，何況小小孩只要一兩秒的時間就足以讓你嚇出一身冷汗。我們出國不會申請行動網路，倒不是說沒有上網需求，而是google地圖在很多國家都可以離線下載也能離線導航，訂房資訊、當地地鐵公車火車app時刻表若無網路，也有時刻表。

帶小小孩出門需要準備什麼

依照年齡而定，Lyon兩歲兩個月，屬於能量暴衝型，帶了一些在家中常玩的玩具，還有最重要的現代保母iPad。iPad雖有用，但一次也只能撐一兩個小時，且不能連續一兩個小時都讓他看，偶爾需要轉移他的注意力。我們搭乘的法航，很貼心地提供小孩一個粉藍色玩具盒，裡面有圖畫紙、彩色筆、迷宮球，可以暫時吸引孩子的注意力。

以陽光聞名的葡萄牙，太陽眼鏡與防曬油是必須的，帽子也可以，但千萬、千萬不要想用雨傘遮陽（沒有手可以撐傘）。由於是屬於乾燥的氣候，要記得隨時補充水分。里斯本有至少七座山丘、無數個上上下下的階梯，如果要帶嬰兒推車，必須要是輕便、好折且能背在身上的。

旅行的情緒管理

孩子出國好不好帶？孩子能適應嗎？

以上這些都跟在國內或家裡沒有兩樣，除非是天氣很極端的地方。小孩不會因為在國外就比較調皮，大人不會因為在國外就變得溫馴。只不過，難道吵鬧只有小小孩會，大人都不會？在飛機上有些人會打呼，打電動身體還會震動，膝蓋靠在前座抖腳、戴耳機聽音樂很大聲⋯⋯。

帶孩子旅行，同時也教會父母要勇敢，面對問題不再只有考慮自己的立場。在外旅行，面臨許多不確定因素，父母會認真地解決問題，但這時孩子又在旁邊鬧，很容易情緒失控。不過，在外情緒確實會比在家裡收斂一些，畢竟要顧及自己與孩子的面子。

結交喜歡帶小孩出國的朋友

面對帶小孩出國的疑慮，主要有這三點：一、孩子這麼小就出國，長大就不記得了啦；二、好不容易出國，卻要帶著麻煩製造機一起；三、發生意外的時候怎麼辦？

「如果你對這些勸言、警告以及危言聳聽者的意見都言聽計從，那麼你哪兒也去不了。大多數提供建議的人無法站在你的立場思考：他們總是擔心自己的安危，並把這份憂慮加諸在你身上。」保羅・索魯（Paul Theroux）在《旅行上癮者》中一針見血提到。每一個家庭的經驗都無法複製，選擇適合自己的就好。

結交喜歡帶小孩出國的朋友們，藉由彼此的經驗，縱使前方道路不夠寬廣平坦，至少能降低難度與風險。「孩子們記不記得 0 ～ 5 歲生活？」我不確定。其實，在哪個地方度過對孩子來說不重要，他們只要有父母在身邊就夠了。而身為父母的我們呢？把握能夠帶出門的階段、不留遺憾，珍惜孩子成長只有一次（不然呢？！），我們能夠記得與他們小時候的共同回憶就夠了。

預算的控制

最直接的問題就是預算會增加，比單身或夫妻兩人出國還要更多花費。分享幾個控制預算的方式，提供參考：

一、降低住宿標準。孩子們不會在乎住民宿或五星級飯店，先訂出本次旅行的預算，再依預算尋找負擔得起的住宿，只要乾淨就可以。房型選擇，基本上我們是以兩張標準雙人床為主，有時會再加上嬰兒床。有的房型 12 歲以下可免費入住，有的 6 歲以上須額外再付費……，需要做點功課，依照各種條件去配對才能降低預算。

二、盡量使用免費資源。公園、市場，有時候當地市政府裡都會有免費展覽；博物館會有免門票日。

三、自炊。在歐洲上館子所費不貲，自炊是降低旅費的好選擇。國外超市的東西與物價常吸引我們的注意，因此常常一逛超市就出不來。

健康風險

如何確保旅行健康、平安，最好的做法就是將意外或健康的風險轉嫁給保險公司，花小錢預備不可預知的大錢。我們家如果沒有投保旅行綜合險是不會出門的，投保之後保險公司不只保證我們身體健康、還保證行程順利，如果萬一……呢？將不必要的煩惱轉嫁給保險公司，就能輕鬆面對未知的旅程，因為你知道會有人在背後為你撐腰。

孩子的作息

孩子們平時生活作息都滿規律的，通常都21:00就寢，在旅遊期間也大概都和平常一樣，沒有什麼不同。當我們住在同一間房間時，我們會先將燈關暗，讓他們比較容易入睡。當然偶爾會有不正常的時候，比如第一天抵達該地的時差問題，或者我們行程delay、看表演……等。另外，為避免旅行而中斷學校課程，我們會帶作業出國，晚上回住宿處寫作業，也會分配工作給Ben，洗碗、摺衣服、收行李。

親子旅行醫療包

一、維他命：我們會用維他命B來調時差，幫助撐到與目的地同樣的作息。比如台灣到葡萄牙的時間差七小時，在葡萄牙早上七點起床，到下午四、五點就想睡覺，因為這時已經是台灣時間十一、十二點，在白天的時候就吃維他命B來消除疲勞。但孩子好像滿能適應時差的。

二、外敷藥：優碘、蚊蟲、外傷，OK蹦。

三、內服藥：頭痛、胃藥、發燒、感冒。

四、電子耳溫槍：體積雖然比溫度計大了點，但能夠馬上知道溫度對大人小孩都好。

五、噴霧酒精／香水：有鑑於住了幾次味道不好、不乾淨的旅館，有味道表示有細菌孳生，且為了避免味道影響睡眠品質，我們會用噴霧式酒精消毒床、枕頭、棉被、浴室、門把，身體接觸得到的地方都不放過。容量100ml符合航空規範。至於100ml夠不夠用？答案是夠的，因為住到旅館環境不好的機率越來越低，使用次數也不多。

六、在當地尋求天然舒緩配方，橘子、蜂蜜、檸檬、椰子水、蒜頭、薑、胡椒。

七、當地藥局。

帶小小孩出遊的好處

簡單來說，就是累積世界觀。或許是因為自己平常在台灣對日常生活習慣性地批判，那是對未來更好的期許，Benjamin也習慣看到當地美好事物，就會將台灣的缺失與不足拿來做比較，他說很希望台灣也能那樣子，如果沒有這樣比較，台灣永遠不會好，我很認同。起初的幾次旅行會大肆地批判台灣為什麼會這樣？如今已經學著放下，不需要再用比較來看待，有機會走訪世界各地，感受當地美好的事物，我們就將這些事物應用在自己實際的生活中，這是自身學習的一部分，並非代表台灣做商務考察。

更實際的好處，就是擁有通行優先權。在葡萄牙，只要遇到排隊，我們都會先問：「請問我們有幼兒同行，可以優先登機或入場嗎？」在歐洲國家，通常幼兒享有免排隊優先入場的特權，如果看到長長的排隊人龍，不要痴痴地跟著排，先去售票處或身穿制服的人問孩子可不可以優先入場。有孩子們也更容易得到當地人的關愛，容易卸下心房盡情交流。對孩子來說，他們也很容易獲得額外的小禮物。

另外就是容易找到行程以外的行程。可能孩子還想繼續玩不想到下個目的地，或者吸引不了他們，或者想睡覺、肚子餓……，但其實沒有帶小小孩也是一樣的，我們可能會被當前的景色吸引，停留超過預期的時間，可能下雨了或休館了……。

葡萄牙對小孩很友善，非常歡迎有家庭成員的造訪，這點從門票就可以看得出來，大部分觀光景點門票都有家庭選項，通常為兩位大人和兩位4～12歲小孩，票價會比單獨買還便宜，買票前可以跟售票員詢問有無家庭票。

造訪葡萄牙之前要知道的18件事

根據一份2019年6月的調查，2018年全球最多旅人造訪的國家，第一名為法國（8690萬人），第二名為西班牙（8180萬人），葡萄牙的旅遊人數為2100萬人，遠低於它的鄰居們。我認為這就是它目前的魅力所在。此時相對寧靜低調的存在，反倒能紓緩旅行步伐。未被發現的美好，更為美好。

我不認為葡萄牙是此生必遊的地方（事實上，講「此生必遊」的書籍我都不會買，我們這一生跟作者的一生肯定不一樣）。但我認為它是你手中那份旅遊清單裡需優先排入的國家。對比許多世界知名的觀光城市，有些已經罹患觀光癌末期了，葡萄牙還算身體健康，更何況還有以下這麼多得獎肯定：

Europe's Leading Destination 2019   Best places to travel in Europe 2019

Europe's Leading Destination 2018   Europe's Leading Tourist Board 2018

World's Leading Destination 2017   World's Leading Tourist Board 2017

World's Leading Tourism Authority Website 2017

Europe's Leading Destination 2017   Europe's Leading Tourist Board 2017

Europe's Leading Tourist Board 2016   Europe's Leading Tourist Board 2015

Europe's Leading Tourist Board 2014   World's Leading Golf Destination 2013

Europe's Leading Golf Destination 2013   Europe's Leading Golf Destination 2012

Europe's Leading Tourist Board 2008

造訪葡萄牙之前，知道這18件事能讓旅行更接地氣：

1. 學幾句日常問候語

就算再沒有語言天分，也要學幾句日常問候語，向對方表達我們的善意：你好（Olá）、請（Por favor）、男生說謝謝（Obrigado）、女生說謝謝（Obrigada）、對不起（Desculpe）、早安（Bom dia）、午安（Boa tarde）、晚安（Boa noite）、再見（Adeus）……。說當地語言是開啟話匣子與縮短距離最好的方式，也是蒐集該地區街頭情報最好的方式。我常問當地人的一句話是：請問＿＿＿＿用葡萄牙語怎麼說？（Como se diz ＿＿＿＿em português?）葡萄牙人都很樂意教我們。

語言絕對不是旅行必要的條件，但我習慣每到一個國家，就會學一些基本生活用語，增加旅行的深度與廣度，同時也是對自己的挑戰。當我們聽到外國人說：lí hó，tsiah-pá—buē？（你好，吃飽沒？）在訝異之餘，我們會盡可能掏心掏肺、給他任何他想知道的。讓當地人知道我們試著融入，即便是講著聽起異常彆扭的發音與完全錯誤的文法也沒關係，因為我們本來就是外國人嘛。

以下分享個人的8個葡萄牙文學習管道：
（※ 葡萄牙文有分歐洲葡文以及巴西葡文的區別，兩種都通用，但學習時宜統一。）

Duolingo ｜ duolingo.com

應該是最多人使用的語言學習軟體，適合短期想要快速上手的學習者使用。雖然Duolingo廣告變多了，有些廣告甚至是露骨的遊戲廣告，但只要學習的過程不要錯誤（失血）太多，還是能免費使用。這也是我學習法文與日文的管道。

Memorise | memrise.com

使用介面像是在玩遊戲一樣，發音活潑、清亮有人性，有真人影片發音也貼近生活，課程內容比 Duolingo 還活潑，有聊天室（雖然是跟機器人聊），前兩個階段使用免費，如果覺得適用可以付費學習完整課程，付費之後還可以學習 app 上其他的不同語言，也能在家中其他設備登入同一帳號，多人可以使用，值得！ 這也是我學習法文與日文的管道。

Portuguese Lab | portugueselab.com

Susana 是出生在里斯本近郊的葡萄牙人，擁有工業設計學位，學過英語、德語、法語、西班牙語、普通話、俄語，因此她知道怎麼樣帶領初學者快速進入學習語言狀況。清楚的發音與動畫情境示意，讓人有效學習。

Portuguese Lab | Podcast portugueselab.com/podcast

也是由 Susana 創立的，運動或通勤的時候可以聽。

Portuguese With Carla | portuguesewithcarla.com

Carla 是一名線上家教，出生在里斯本近郊的葡萄牙人，上課方式細膩活潑，Carla 有時會到街頭直接問路人一些問題或者去店家買東西，就好像帶著我們實地練習一樣；有時會搭配夥伴共同主持，互動性高，學習效果也好。「學習一門新語言就像學習騎腳踏車一樣，充滿自由與成就感、一種令人興奮的體驗，永遠不會沉悶！」Clara 說的我非常認同。

Wolters World | youtube.com/woltersworld

居住在許多國家，細心觀察當地人文與生活習慣，我喜歡他用好與壞兩個面向來分享一個地方，以及旅行當地要避免的幾件事或當地令人驚訝與驚艷的幾件事，也會教一些當地常用的語言，都是對旅人非常有幫助且實用的資訊。

Eight Miles from Home | youtube.com/8milesfromhome

Sacha 和 Jmayel 這對英國夫妻居遊世界各地，目前定居在葡萄牙第二年。以 Daily Vlog 的方式記錄自己的生活，非常在地化；也在居遊的時候，擁有第一個孩子。頻道裡提到了生活在葡萄牙所需的各種大小事，如果你想要在葡萄牙生活一陣子或者移民，這個頻道會很有幫助。

Rosetta Stone | rosettastone.com

這是我最早使用的學習軟體，當初的官網表示是各國駐外人員愛用的快速學習語言軟體。2012 年在訂完兩個月後飛往法國的機票，開始透過 Rosetta Stone 學習法文，因為聽說法國人普遍不說英文，所以我加倍學習。然而，我遇到的情況卻不是這樣，99% 的人都願意講，會有這樣的差別，我認為是我會先以法文跟他們打招呼，然後再問他們說英文嗎？

2. 葡萄牙並沒有又老又窮

環葡一圈之後，確實對於一個國家會有更客觀的看法，雖然許多地方都能看到破舊的房子，但比例上只是少部分。葡萄牙今日祥和民主的道路，也是經歷了

幾次革命、一段國家震盪期，從1910年共和革命、1926年由經濟學家薩拉查掌權開始獨裁執政，直到1974年4月25日康乃馨革命，才擺脫薩拉查長達48年的獨裁統治。這段期間有大量的葡萄牙人移民到法國，尋求更好的未來，躲避薩拉查的祕密警察與高死亡率的海外徵兵。據官方統計，從1930～1978年代，共有75萬葡萄牙人移民至法國，這也是葡萄牙可見荒廢房子的原因之一。雖然葡萄牙沒有直接參與第二次世界大戰，二十世紀大部分的時間卻陷入內耗與空轉，經濟與基礎建設，落後於當時歐洲其他國家。

但如果我們從另一個角度來看，葡萄牙是歐洲最古老的國家之一，來自不同時代與文化交織在一起的城市肌理，來自羅馬、伊斯蘭、中世紀和啟蒙時期的一系列文明的影響，擁有無數的歷史建築，城市承載了連續變換的痕跡，適應新的動態。你怎麼能期待又新又繁榮呢？我完全不覺得它又老又窮。

3. 葡萄牙人比較內斂

葡萄牙人比較內斂，遇到陌生人通常不會主動示好，表情比較嚴肅，略帶若有所思的Saudade。不過一但我們主動說Olá或Bom dia，他們馬上會熱情回應。

因此，不要覺得葡萄牙人很冷漠或不好相處。不只我有這種感覺，攝影家阮義《在它鄉》、作家韓良憶《浮生。半日。里斯本》，先後距離20年造訪，也都有相同的感覺。

4. 葡萄牙很安全

葡萄牙安全嗎？歐洲最安全的地方之一就是葡萄牙。根據2017年全球和平指

數，世界上最安全的國家第三名是葡萄牙，第一、二名分別為冰島與紐西蘭。不過，即使在最安全的國家之一，仍然要在里斯本與波勒多兩個主要大城市預防扒手。葡萄牙的扒手我們遇過一次，他們以集團式互相掩護，穿得像觀光客、頭戴棒球帽以便被發現時可以遮臉，手裡拿著地圖用來隱藏第三隻手。他們通常蟄伏在狹窄的單向人行道下手。進入人多的地方，例如排隊人潮的觀光點、二手市集，建議將背包往前背，假如要停下來看地圖或手機，就將背靠著牆，避免被趁虛而入。

5. 需要給小費嗎？

在葡萄牙沒有這個習慣。無論是餐廳或飯店，都沒有收取小費的規定，也不會額外收服務費。我們曾經因為旅館房務人員將房間整理得太好了，隔天早上出門前將小費放在床頭，並且放上紙條寫 Muito obrigado（非常謝謝），但還是沒被清潔人員拿走。隔天再試一次，還是原封不動，也許下次要改寫「這是屬於清潔人員的小費，非常感謝您的付出」。若搭乘計程車，行李比較多的時候，司機有可能會多收服務費。我們從里斯本機場坐到預定的飯店，車程約 15 分鐘，車資 15 歐，但司機說因為我們有兩個 29 吋大行李，所以多收了 10 歐。

6. 餐桌上的開胃菜（葡文 Couvert，英文 Starters）是店家招待的？

葡萄牙餐廳的餐桌上都會有放小點心的麵包籃，比如麵包（Pão）、油漬橄欖（Azeitonas）、乳酪（Queijo）……等。有的餐廳是等客人就定位後，才會放上麵包籃，這並非店家招待的開胃菜，而是要額外付費的，如不放心的話，可以先問一下價格或是否為免費。

開胃菜內容與費用每家都不同，不同地區的開胃菜也不一樣，其實可以嘗試看看，通常介於1~3歐。倒不必擔心開胃菜價格會很貴，因為「我們在葡萄牙」。從觀光大城到隱世小村，就算在沒有觀光客的城市也一樣，這表示開胃菜小點心是葡萄牙用餐習慣的一環，不是針對觀光客設計的，如果不需要可以請他們收走，大方地說「不用了，謝謝（Não, obrigado/a）。」服務生都會樂意收走不會擺臭臉。

葡萄牙的餐點與其他歐洲國家相比，分量比較多，在點餐時要稍微注意一下。

7. 如何結帳？

在餐廳的話，可以用眼神向服務生示意，「A conta, por favor（請結帳）。」有些咖啡店則將錢放桌上就直接離開，多半我們還是會到櫃台或用眼神禮貌性地問一下。伸手招呼服務生會被認為是沒禮貌的行為。

8. 防曬用品一定要帶

葡萄牙除了盛產軟木塞、葡萄酒，同時也出產紫外線。雖然5月的微風吹來仍屬涼爽，但陽光可還是十分兇猛的，不曉得真正夏季來的時候怎麼辦。你會很需要遮陽帽、防曬乳，最重要的是太陽眼鏡，不過不用擔心買不到，到處都有賣。但建議還是在台灣找有信譽的眼鏡店買好再帶去，確保鏡片有抗紫外線功能，才不會越戴越傷眼睛。我們甚至有幾天從早上八點出門到晚上七點回旅館，太陽眼鏡都沒卸下過。

9. 何時去比較好？

2018年是葡萄牙37年來最熱的一年，8月4日里斯本氣溫曾高達44度，同時一些歐洲城市也正面臨熱浪問題。7、8月是氣溫最高與遊客最多的月份，旅遊品質相對會稀釋，白天走出戶外如果只想找騎樓或樹蔭躲太陽，會很辛苦，尤其帶著孩子旅行。我們選擇5、6月造訪，這段期間的氣候穩定、氣溫涼爽舒適，雖然海水與河川的溫度會有點冷，如果要下水就要做足暖身。5、6月期間早上6點日出到晚上9點太陽完全落下，日光長達15個小時。葡萄牙每年日照大約3000個小時，是歐洲陽光最充足的國家。

10. 忘了欄杆或護欄

葡萄牙的風景地區，比如懸崖峭壁、高山峻嶺、運河邊……，都鮮少設置護欄，頂多只是警告標誌或簡易欄杆，他們從小就習慣接觸所謂的「風險」，勇於冒險、接受風險、承擔風險，一如祖先探索無邊無際的海洋一般。而非像台灣現今保護過度的生長環境與教育制度，雖然表面上減少產生風險，相對地也扼殺探索勇氣，保護到孩子變得笨手笨腳。有人說過度保護是一種柔性虐待，身為父母的我們還在學習如何謹慎拿捏。

至今，葡萄牙人內在還是有大航海時代的探險家與航海家的精神，他們把舒適圈設得很廣，懸崖峭壁只貼一張「小心落石」的小告示牌，這也直接證明各項極限運動（賽車、跳水、衝浪、飛行大賽……）能在葡萄牙發展得如此興盛的原因。

11. 隨時補充水分

葡萄牙屬於乾燥氣候，尤其夏天更需要隨時補充，避免中暑或身體不適。

12. 水龍頭的水可以生飲嗎？

根據葡萄牙ERSAR（水和廢物管理局）表示，飲水品質是評估每個國家的發展和人口福祉的重要指標。在葡萄牙的每個城市的自來水由當地市政府提供，符合國際水質標準，每三個月公告一次檢驗結果。而超市裡都會有瓶裝水專區，如來自葡萄牙北部的礦泉水產區Luso、Pedras、Vidago……，講了這麼多，我們自己有直接打開水龍頭喝過，跟喝礦泉水一樣，沒什麼味道，也會煮咖啡。我們也造訪過幾處目前仍然有天然湧泉的小鎮，比如Luso、Monsaraz、Castelo de Vide，更是可以直接喝。

13. 垃圾需要分類嗎？

葡萄牙是歐洲塑膠回收率最差的國家之一，只有約10%的塑料廢物被回收利用。由於在台灣已經習慣垃圾分類，在國外生活還是照著自己的習慣，簡單地將可回收的塑膠與紙類獨立出來。

14. 會有人在街頭兜售大麻

當有人走過來發出「Shu Shu」或「Hashsh」的聲音，對方不是在跟你打招呼，而是問你「要不要大麻」。請保持冷靜，不要在意毒販，毒販聽起來很恐怖，實際上我們遇過幾次，而且還都是我推嬰兒車的時候問我，只要說「No」，他們

會很了當轉頭就走，也會遇到兜售各式便宜名牌太陽眼鏡的攤販兼賣大麻，看緊自己的背包再次強調說「No」就好了。

在葡萄牙持有少量的毒品並不違法。2001 年 7 月，葡萄牙將毒品全面合法化，持有少量的藥品並不會被逮捕，吸毒者不再被視為罪犯，他們不須面對法官，只需要面對律師、社工和醫護人員組成的勸導小組，吸毒者知道不會被抓去關，就會尋求幫助。截至 2018 年，吸毒人口已大幅下降至 5 萬人，這明顯下降的成果與睜一隻眼閉一隻眼讓成癮者吸食大麻有關。

15. 停車場的引導人

常常會有人幫你引導至空格停車位，他不是做功德的，而是失業的民眾想要謀生的方式。當你停入他引導的位置後，他會有禮貌地跟你要一點小費或者問你要不要大麻。可以給一些零錢無妨，鼓勵他願意出來「工作」，大麻就不用了。

16. 浴室為何會有兩組馬桶？

除了我們常看到的馬桶之外，大部分葡萄牙浴室，無論是五星級飯店或一般旅館，都有一組類似馬桶的東西。有的人會以為是用來洗拖把或者洗臉台，可別誤會了，這是 18 世紀人類文明的偉大發明先驅 —— 祖父級免治馬 Bidet。使用時，必須將褲子全脫才能洗得到「重點」，整個蹲馬步的過程能訓練到核心肌群 —— 股直肌、臀大肌……。葡萄牙友人說他們都直接跨坐在上面洗，一旁都有乾淨的掛毛巾讓人擦乾，而且每日都會做清潔消毒。強烈建議一定要體驗一下，但我還是覺得 21 世紀的免治馬桶比較好用，還有除臭、按摩、溫暖便座……。不過，有些馬桶造型滿典雅的。

17. 廁所

大部分的公共廁所都免費使用而且乾淨。我們向店家借廁所，店家也都願意借，縱使需要費用也不會貴，畢竟這裡是葡萄牙，不用跟膀胱過不去。

18. 請穿舒適好走的便鞋

葡萄牙是個三多國家（山城多、階梯多、鵝卵石路多），應該不用提醒要穿著舒適的鞋子吧？！

自駕遊葡萄牙應注意的21件事

（也適用大部分歐洲國家）

開車環葡萄牙一圈，行經500公里的葡萄牙海岸線，造訪超過50個城市，里程超過3000公里。我將葡萄牙租車自駕的體驗，與過去幾年在歐洲租車的經驗，整理成21個注意事項，希望對想要自駕的朋友有幫助。

1. 越早租車租金越便宜

租車前可以比較兩到三家租車公司的費率。過去我習慣在Europcar租車，但我查詢在葡萄牙當地有一家據點頗多的Goldcar，經過比較後，不誇張，同樣的條件比原先的省下30%。通常在機場取還車均需加收費用；跨國還車也需加收費用；租6天和租一星期，費率也不同，可仔細精算一下。

2. 善用Coupon優惠代碼

信用卡公司、航空公司或每年的特定季節租車公司都會有促銷優惠，真的可以省下一些錢。我在這裡找到能省20%的coupon（dayscoupon.com/store/goldcar）。

3. 詳閱合約

付款前，還是要確實讀過租賃合約的條文（是英文的我知道），避免被坑或產生不必要的誤會。（如果要學習各國罵人的句子，請上google評論或

Tripadvisor，所有租車公司都是一長串一星評論的咒罵。）

4. 取車時需要準備的證件

護照、駕照、國際駕照、信用卡，缺一不可。在網路預定車輛的信用卡一定要帶，租車公司在合約裡會提到。

5. 保全險

出門在外，減少麻煩、節省時間，尤其若帶小孩在身邊，發生車禍一切都可由保險公司處理，保全險可以讓我們遇到問題無事一身輕。而且租車與還車都不需要再檢查車子外觀。

6. 兒童需使用安全座椅

在葡萄牙，所有車輛都必須使用安全帶。12歲以下或身高135公分以下，必須使用規定的增高坐墊。我們是從台灣帶過去，因為依我們租的天數，自己買一個扛過去比租還省四千多元，我的體力沒問題的。如果嫌麻煩，在網站租車時皆會提供選項。違規處以120歐～600歐罰款。不過坐公共交通工具則沒此限制。

7. 準備兩套導航軟體

由於常在歐洲開車，買衛星導航軟體就無需向租車公司租，租三個星期的錢就可以買一台全新的衛星導航機器了。葡萄牙近幾年道路更新速度快，在歐債舉債之後，接連開關新道路。尤其我們又常喜歡繞小路，對有疑問的路段用兩套

軟體比對，降低走錯路的風險。我用的兩套導航軟體：Sygic, Google map。
請記得在出國前確認可以離線使用。

8. 行車記錄器

把在台灣慣用的行車紀錄器也帶到國外使用，除了可以錄下美麗的公路風景之
外，若不幸發生事故，還可以記錄當時狀況自保，避免為了向警方還原發生過
程因語言不同而造成誤會。在台灣盛行的行車記錄器，在歐洲並不流行，沒看
過其他車裝過。

9. 上路前再檢查

將車開離租車公司就算你的責任了，因此要先檢查3油：燃油、動力方向盤油、
機油；2水：雨刷水、水箱水（以前還有電瓶水，現在皆改為免加水電瓶）；檢查
輪胎胎紋、胎壓（如果有保全險，就不需要檢查外觀）；調整後照鏡、座位；手
機配對藍牙，播放自己喜歡的音樂，出發！！ 我們租車曾經遇過引擎故障、動
力方向盤油沒油、衛星導航導到河裡、警方出面處理的小車禍……。

10. 高速公路

葡萄牙高速公路採用電子收費系統ETC，電子感應器可以直接向租車公司租
借，由於Goldcar網站沒有ETC選項，我便寫email詢問如何租借，得到答覆
可在現場租借。

有了ETC就可走綠色專用收費閘道，上方有綠底白V圖示寫著「Reservada a

Aaderetes」，幾天後就會收到租車公司email通知通行費，並以當初向租車公司租車的信用卡扣款。以自己的經驗來說，開了三千多公里的過路費為82.33歐，大約1公里新台幣1元。但如果沒裝ETC而誤闖ETC專用閘道，會被罰款79歐。

另外，並非每一段高速公路都會收費，如果要省錢的話，可以再查一下有哪些路段免費，或者用衛星導航的「避開高收費路段選項」。

11. 一定要租柴油車

柴油車省油又有力，而且柴油油價（約1.3歐／公升，2018）比汽油（約1.5歐／公升，2018）低。油價每個地方都不同，基本上越往市中心越貴。柴油葡文為Gasóleo，油槍為黑色（汽油葡文為Gasolina，對我們來說容易混淆，記得要看清楚）。如果真的記不住，選最便宜的油價加就對了。加完後稍微記一下自己加了多少公升與油錢，然後去加油站旁的商店內，跟店員說你在幾號機加油，付費即可。

不過在網站租車均會註明依照取車當日同級車款（Simular）交付，雖然是同級車款，不過空間有所差異，我們第二段租車就因後行李箱空間寬度小3公分，嬰兒推車只能擠在後座。

另外，因歐洲多為手排車，與自排車價格差異非常大，依我們租的天數為例，省下來的錢足足可以買一張機票，我再怎麼不會開也要在台灣學會再上路。

12. 假裝成當地人租車

買當地報紙放在車窗前檔或後座行李箱車窗，假裝成葡萄牙人租的車，降低被偷搶的機會。

13. 撕掉租車公司貼紙

這麼做可以避免被認為是觀光客。雖然小偷從車牌還是可以辨識得出來，但總是可以降低被盯上的機會。

14. 內線超車

國外的內線車道真的是用來超車的。內線超車道行駛低於最高速限110公里的龜速車，是台灣的日常風景，別將這種壞習慣帶到國外，占用內車道不放。

15. 熟悉圓環規則

圓環可以說是我最喜歡在歐洲開車的原因。高效能的車流控制，如同太極拳以柔克剛、以靜制動、順水推舟，不需要像紅綠燈一樣，浪費時間做無謂的等待。

只要記得：一、進入圓環前，先注意行人與腳踏車；二、降低車速，時速通常在30公里；三、無論如何都是禮讓圓環內任何車輛先行；四、要駛出圓環的前一個路口，打方向燈提醒後方來車；五、違規會被處以60～300歐的罰款。

仔細觀察，各個城市的圓環都很頗具特色，通常會佈置或者放上代表城市特色的裝置藝術，或者設立歷史紀念碑。

16. 停車繳費

停車後要自己找收費機繳費，記得多準備一些零錢。拿到票之後放在車內的前擋玻璃，方便查票員檢查。別心存僥倖，你永遠不知道查票員什麼時候會來。葡萄牙每個城市的停車費都不太一樣，但普遍來說並不高，每20分鐘0.20歐。

17. 事先研究停車標示

踏訪不同語言的國家，做些基本功課能減少水土不服的機率。停車標示要先懂，有的停車格只限當地居民停，有的只限旁邊的某個市場消費臨停30分鐘，有的這一排停車格的第幾個位置開始需收費⋯⋯，若不懂可以找當地人詢問清楚，或用手機翻譯查明，才不會造成自身麻煩。

18. 貴重物品隨身攜帶

車停好，將衛星導航一併帶下車，避免被破窗或破壞門鎖偷走。我們先前在比利時布魯塞爾就被破壞車門鎖偷走車內的行車記錄器、Benjamin的背包（裡面有他過去三年出國所畫的畫冊，他十分傷心），還有前幾天買的紀念品，都一併被偷了。這一點跟在台灣無異，不要留下令歹徒垂涎三尺的獵物。

19. 隨車零嘴

尤其是載小孩,一定要準備一些零食,水果、餅乾、保久乳,讓他們感到滿足,增加在車上的穩定度。

20. 葡萄牙人開車很守交通規則

一般來說,葡萄牙人開車很守交通規則,且禮讓行人。除了我們在里斯本與拉構斯遇到世界杯足球賽,球迷慶祝贏球,開車瘋狂按喇叭,還有深夜在科英布拉遇到兩位瘋狂拉轉速的騎士,聲音飆遍整座古城……

21. 多停多看

葡萄牙公路風景非常美麗,常常會使人分心,真的受不了時,請將車緩緩停到路邊欣賞,確保行車安全。

以開車的方式發掘熱門景點以外的景點,探索旅遊雷達外的未知區域。景點不該被限制於字義上,旅行中,能令人印象深刻的,就是景點。葡萄牙的公路風景,成了我們在葡萄牙最美的回憶之一。相信你也會愛上「想停就停、說走就走」的旅行方式。

誌謝

首先要感謝愛妻Claire，謝謝妳相信我會將我們一起帶往更好的未來，縱使在全然陌生的國度。妳與Benjamin共同包容我的脾氣，也在我寫作的過程中，不斷地阻擋Lyon猛烈的調皮火力，才能成就這本書。親子旅行不是一個人的事，我們是一家人，彼此的角色都是獨一無二，缺一不可，我們共同完成了一件事。相信這是我們留給孩子最好的禮物之一。希望過了親子這個階段之後，也就是孩子長大成人，我們還能繼續寫家庭旅遊筆記、家族旅行筆記，直到老伴旅行筆記。

感謝威莉引薦有鹿總編輯煜幃讓我們認識。妳說得沒錯，我們有好多志同道合的共通點，我一定會喜歡。感謝總編煜幃相信並接納眼前這位半路冒出的素人，謝謝你對我充滿信心，願意引導我並讓我有恣意創作的空間，寫作的過程十分愉快！感謝內頁設計吳佳璘、封面設計謝佳穎細膩的美感，相信人們在書架上拿起這本書後，視覺能愉悅地優遊其中。

謝謝上安牙醫廖醫師與Sundy賢伉儷，引領我們家走向世界。還記得我們第一次在肯德基二樓請教如何規劃法國自助旅行，而你們在網路還不是很普及的年代就去冰島冒險，回來後還出版台灣第一本冰島旅遊書。你們從蕾蕾幾個月大就帶出國，到了十歲時已經走過三十幾個國家，最有資格出版親子旅行書，因此我必須要寫出來公開呼籲，不要逃避！

感謝黃色攝影工作室負責人黃毛，你三不五時跟我提到那段為期三個月的歐洲旅行中，最想要再去的地方就是葡萄牙，久而久之，我心裡也長出嫩芽，在連續三年遊法國之後，我們決定完成你的心願，為你踏上葡萄牙的土地。

感謝東京大學建築博士、享工房 Atelier SHARE 主持人謝宗哲，願意提供歷年的寫作與出版的寶貴經驗。感謝 Francisco 與雅玲賢伉儷對我們行程的建議，並且提供葡萄牙家人的聯絡資訊給我們，等同於為我們戴上了平安符，你們的家鄉 Braga 真的好美！

最後要謝謝認真讀完全書的你，相信對於葡萄牙一定有了更進一步的了解。我為大家準備了一個小禮物，把書中所有提到的地名、景點中文以及原文製作成 google 表格，方便在數位時代隨時查閱蒐集資料。是否開始準備屬於自己的葡萄牙旅程了呢？帶著心愛的人跟你一起去，美好比你想像得還要近。

全書地名檢索
https://tinyurl.com/y5dmxfke